Impressum
Verlag: BABADADA GmbH, Nedderfeld 112 , 22529 Hamburg
Geschäftsführer / Verlagsleitung: Harald Hof
Druck: Books on Demand GmbH, In de Tarpen 42, 22848 Norderstedt

Imprint
Publisher: BABADADA GmbH, Nedderfeld 112 , 22529 Hamburg, Germany
Managing Director / Publishing direction: Harald Hof
Print: Books on Demand GmbH, In de Tarpen 42, 22848 Norderstedt

AF284809

ໂຮງຮຽນ

σχολείο

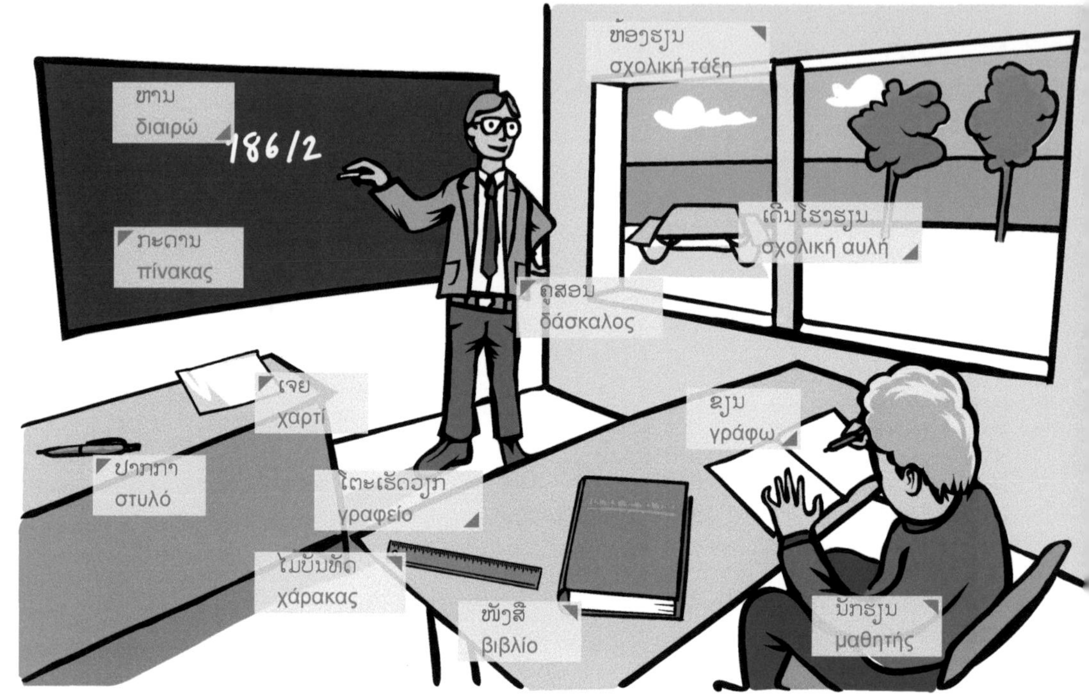
ຫ້ອງຮຽນ
σχολική τάξη
ຫານ
διαιρώ
186/2
ເດີ່ນໂຮງຮຽນ
σχολική αυλή
ກະດານ
πίνακας
ຄູສອນ
δάσκαλος
ເຈ້ຍ
χαρτί
ຂຽນ
γράφω
ປາກກາ
στυλό
ໂຕະເຮັດວຽກ
γραφείο
ໄມ້ບັນທັດ
χάρακας
ໜັງສື
βιβλίο
ນັກຮຽນ
μαθητής

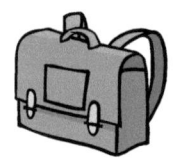

ກະເປົາໃສ່ປຶ້ມທີ່ມີສາຍພາຍ

σχολική τσάντα

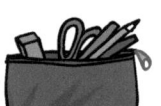

ກັບສໍດຳ

κασετίνα/ μολυβοθήκη

ສໍດຳ

μολύβι

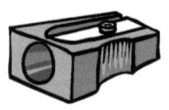

ເຄື່ອງແຫຼມສໍ

ξύστρα

ຢາງລຶບ

γόμα

ສະໝຸດແຕ້ມຮູບ

μπλοκ ζωγραφικής

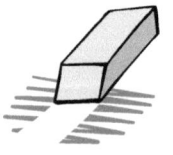

ꞏꞏꞏꞏꞏꞏꞏꞏꞏ ꞏꞏꞏꞏꞏꞏꞏꞏꞏ

ພາບວາດ

ζωγραφική

ແປງທາສີ

πινέλο

ກ່ອງສີ

κουτί χρωμάτων

ມີດຕັດ

ψαλίδι

ກາວ

κόλλα

ປຶ້ມເຜິກຫັດ

τετράδιο ασκήσεων

ວຽກບ້ານ

εργασία για το σπίτι

12

ຕົວເລກ

αριθμός

2+2

ບວກ

προσθέτω

5-2

ລົບ

αφαιρώ

2×2

ຄູນ

πολλαπλασιάζω

ຄິດໄລ່

υπολογίζω

A

ຕົວອັກສອນ

γράμμα

ABCDEFG HIJKLMN OPQRSTU VWXYZ

ພະຍັນຊະນະ

αλφάβητο

hello

ຄຳສັບ

λέξη

ຂໍ້ຄວາມ

κείμενο

ອ່ານ

διαβάζω

ສໍຂາວ

κιμωλία

ບົດຮຽນ

μάθημα

ລົງທະບຽນ

εγγράφομαι

ການສອບເສັງ

τεστ

ໃບຢັ້ງຢືນ

πιστοποιητικό

ຊຸດນັກຮຽນ

μαθητική στολή

ການສຶກສາ

εκπαίδευση

ປຶ້ມຮວບຮວມຄວາມຮູ້ສາລະພັດ

εγκυκλοπαίδεια

ມະຫາວິທະຍາໄລ

πανεπιστήμιο

ກ້ອງຈຸລະທັດ

μικροσκόπιο

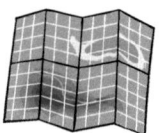

ແຜນທີ່

χάρτης

ກະຕ່າໃສ່ເສດເຈ້ຍ

καλάθι αχρήστων

ໂຮງແຮມ
ξενοδοχείο

ໂຮສເຫລ
ξενώνας

ROOMS

ECHANGE

ຮ້ານແລກປ່ຽນເງິນຕາ
ανταλλακτήρια συναλλάγματος

ກະເປົາເດິນທາງ
βαλίτσα

ລົດຍົນ
αυτοκίνητο

ພາສາ
γλώσσα

ແມ່ນ / ບໍ່ແມ່ນ
ναι / όχι

ຕົກລົງ
εντάξει

ສະບາຍດີ
γεια σου

ນັກແປພາສາ
μεταφραστής

ຂອບໃຈ
Ευχαριστώ

ລາຄາເທົ່າໃດ...?

πόσο κάνει ;

ຂ້ອຍບໍ່ເຂົ້າໃຈ

Δε καταλαβαίνω

ບັນຫາ

πρόβλημα

ສະບາຍດີຕອນແລງ!

Καλησπέρα!

ສະບາຍດີຕອນເຊົ້າ!

Καλημέρα!

ລາຕິສະຫວັດ

Καληνύχτα!

ລາກ່ອນ

Αντίο

ທິດທາງ

κατεύθυνση

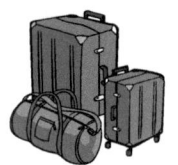

ກະເປົາເດີນທາງ

αποσκευές

ກະເປົາ

τσάντα

ກະເປົາພາຍຫຼັງ

σακίδιο πλάτης

ແຂກ

καλεσμένος

ຫ້ອງ

δωμάτιο

ຖົງໃສ່ເຄື່ອງນອນ

υπνόσακος

ເຕັ້ນ

σκηνή

ຂໍ້ມູນນັກທ່ອງທ່ຽວ
τουριστικές πληροφορίες

ຊາຍຫາດ
παραλία

ບັດເຄຣດິກ
πιστωτική κάρτα

ອາຫານເຊົ້າ
πρωινό

ອາຫານທ່ຽງ
μεσημεριανό

ອາຫານແລງ
δείπνο

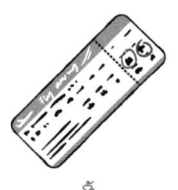

ປີ້
εισιτήριο

ລິຟ
ανελκυστήρας

ສະແຕມ
γραμματόσημο

ພົມແດນ
σύνορα

ພາສີ
τελωνείο

ສະຖານທູດ
πρεσβεία

ວິຊາ
βίζα

ໜັງສືຜ່ານແດນ
διαβατήριο

ຂົນສົ່ງ

μεταφορά

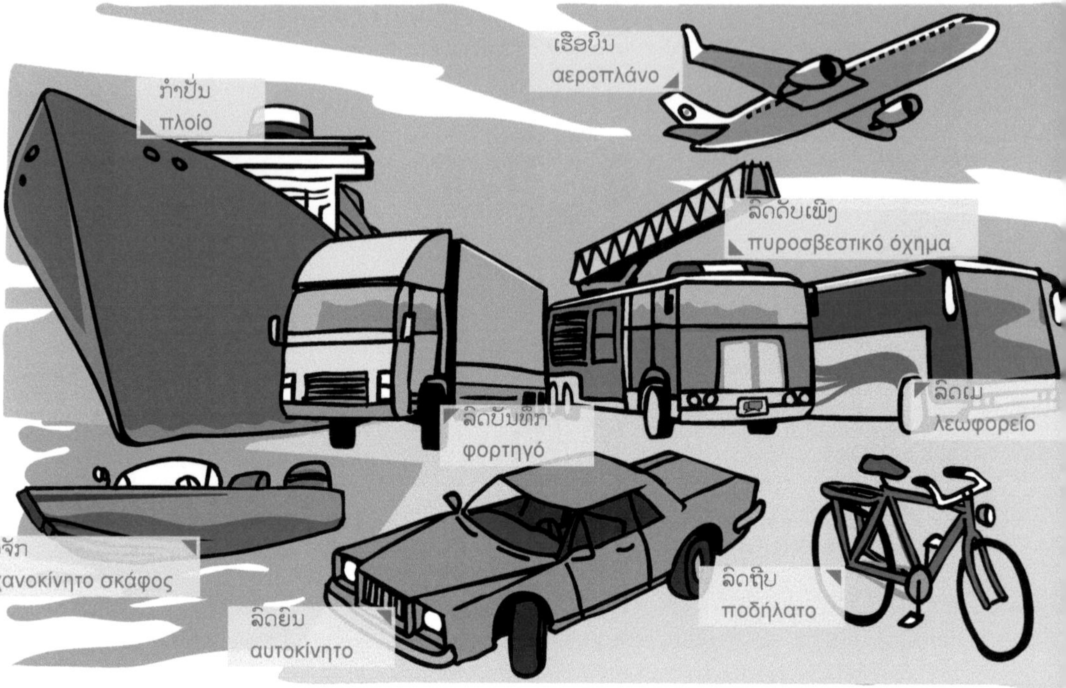
ເຮືອບິນ
αεροπλάνο
ກຳປັ່ນ
πλοίο
ລົດດັບເພີງ
πυροσβεστικό όχημα
ລົດເມ
λεωφορείο
ລົດບັນທຸກ
φορτηγό
ອຈັກ
ηχανοκίνητο σκάφος
ລົດຍົນ
αυτοκίνητο
ລົດຖີບ
ποδήλατο

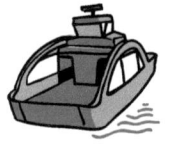

ເຮືອຂ້າມຟາກ

φεριμπότ

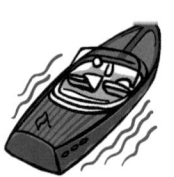

ເຮືອ

βάρκα

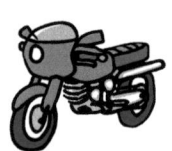

ລົດຈັກ

μοτοσικλέτα

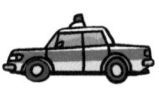

ລົດຕຳຫຼວດ

περιπολικό

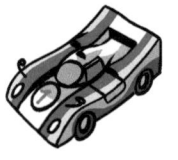

ລົດແຂ່ງ

αγωνιστικό αυτοκίνητο

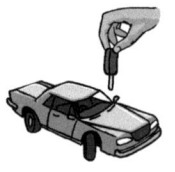

ລົດເຊົ່າ

ενοικιαζόμενο αυτοκίνητο

ການແບ່ງປັນກັນໃຊ້ລົດ
διαμοιρασμός αυτοκινήτων

ລົດລາກ
γερανός

ລົດຂົນຂີ້ເຫຍື້ອ
απορριμματοφόρο

ເຄື່ອງຢົນ
κινητήρας

ເຊື້ອໄຟ
καύσιμο

ປ໊າມນ້ຳມັນ
βενζινάδικο

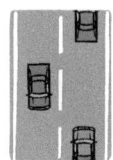

ປ້າຍຈາລະຈອນ
πινακίδα σήμανσης

ການຈາລະຈອນ
κυκλοφορία

ການຈາລະຈອນຕິດຂັດ
κυκλοφοριακή συμφόρηση

ບ່ອນຈອດລົດ
χώρος στάθμευσης

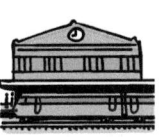

ສະຖານີລົດໄຟ
σιδηροδρομικός σταθμός

ລາງລົດໄຟ
σιδηροδρομικές γραμμές

ລົດໄຟ
τρένο

ລົດລາງ
τραμ

ຕູ້ລົດໄຟ
βαγόνι

ເຮລິຄອບເຕີ

ελικόπτερο

ສະໜາມບິນ

αεροδρόμιο

ຫໍຄອຍ

πύργος

ຜູ້ໂດຍສານ

επιβάτης

ຕູ້ບັນຈຸສິນຄ້າ

εμπορευματοκιβώτιο

ກ່ອງເຈ້ຍ

χαρτοκιβώτιο

ກວຽນ

καρότσι

ກະຕ່າ

καλάθι

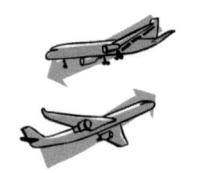

ເຮືອບິນຂຶ້ນ / ເຮືອບິນລົງຈອດ

απογειώνομαι /
προσγειόνομαι

ເມືອງ

πόλη

ບ້ານ

χωριό

ໃຈກາງເມືອງ

κέντρο της πόλης

ເຮືອນ

σπίτι

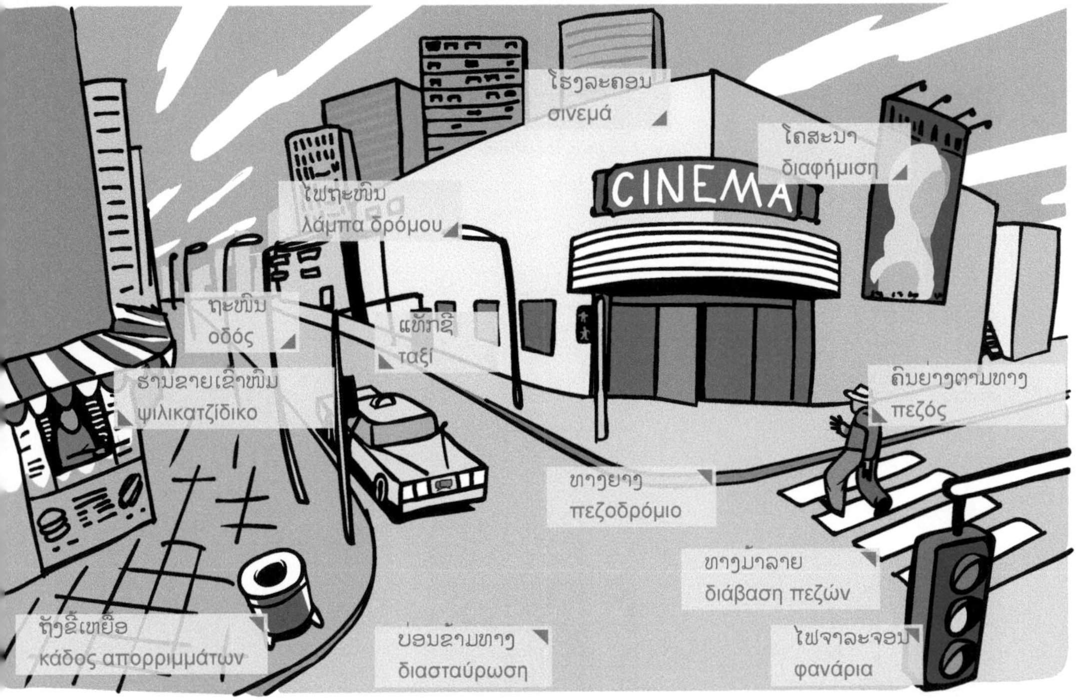

ໂຮງລະຄອນ
σινεμά
CINEMA
ໂຄສະນາ
διαφήμιση
ໄຟຖະໜົນ
λάμπα δρόμου
ຖະໜົນ
οδός
ແທັກຊີ
ταξί
ຮ້ານຂາຍເຂົ້າໜົມ
ψιλικατζίδικο
ຄົນຍ່າງຕາມທາງ
πεζός
ທາງຍ່າງ
πεζοδρόμιο
ທາງມ້າລາຍ
διάβαση πεζών
ຖັງຂີ້ເຫຍື້ອ
κάδος απορριμμάτων
ບ່ອນຂ້າມທາງ
διασταύρωση
ໄຟຈາລະຈອນ
φανάρια

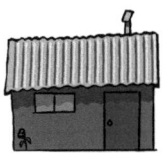

ຕູບ

καλύβα

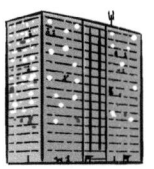

ແຟລດ

διαμέρισμα

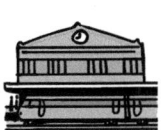

ສະຖານີລົດໄຟ

σιδηροδρομικός σταθμός

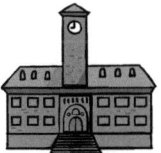

ໂຮງການເມືອງ

δημαρχείο

MUSEUM

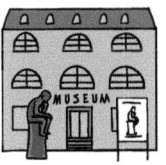

ຫໍພິພິດຕະພັນ

μουσείο

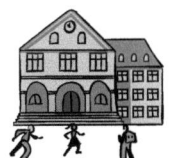

ໂຮງຮຽນ

σχολείο

ມະຫາວິທະຍາໄລ

πανεπιστήμιο

ທະນາຄານ

τράπεζα

ໂຮງໝໍ

νοσοκομείο

ໂຮງແຮມ

ξενοδοχείο

ຮ້ານຂາຍຢາ

φαρμακείο

ຫ້ອງການ

γραφείο

ຮ້ານຂາຍໜັງສື

βιβλιοπωλείο

ຮ້ານຄ້າ

κατάστημα

ຮ້ານຂາຍດອກໄມ້

ανθοπωλείο

ຊຸບເປີມາກເກັດ

σούπερ μάρκετ

ຕະຫຼາດ

αγορά

ຫ້າງສັບພະສິນຄ້າ

πολυκατάστημα

ຮ້ານຂາຍປາ

ιχθυοπωλείο

ສູນການຄ້າ

εμπορικό κέντρο

ທ່າເຮືອ

λιμάνι

ສວນສາທາລະນະ
πάρκο

ແປ້ນມ້າ
παγκάκι

ຂົວ
γέφυρα

ຂັ້ນໃດ
σκάλες

ລົດໄຟໃຕ້ດິນ
μετρό

ອຸໂມງ
τούνελ

ປ້າຍລົດເມ
στάση λεωφορείου

ຮ້ານຂາຍເຫຼົ້າ
μπαρ

ຮ້ານອາຫານ
εστιατόριο

ຕູ້ໄປສະນີ
γραμματοκιβώτιο

ປ້າຍຊື່ຖະໜົນ
πινακίδα δρόμου

ມິເຕີເກັບຄ່າຝາກລົດ
παρκόμετρο

ສວນສັດ
ζωολογικός κήπος

ສະລອຍນ້ຳ
πισίνα

ວັດມຸດສະລິມ
τζαμί

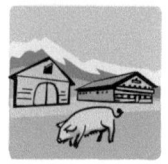

ຟາມ

αγρόκτημα

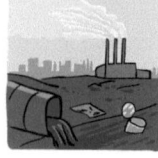

ມົນລະພິດ

ρύπανση

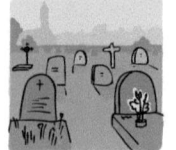

ສຸສານ

νεκροταφείο

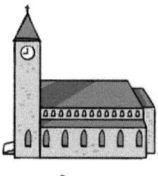

ໂບດ

εκκλησία

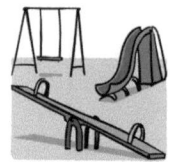

ເດີນຫຼິ້ນຂອງເດັກນ້ອຍ

παιδική χαρά

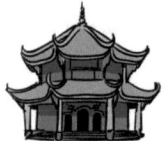

ວັດນຸດສະລິມ

ναός

ພູມີປະເທດ

τοπίο

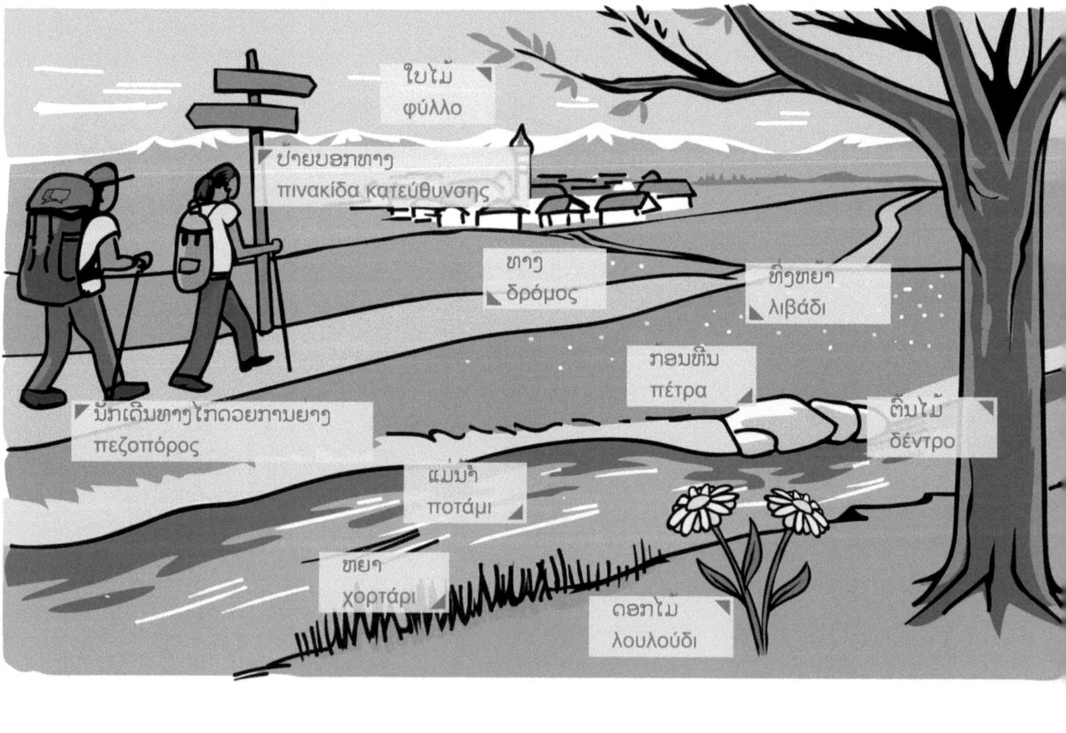

ໃບໄມ້
φύλλο
ປ້າຍບອກທາງ
πινακίδα κατεύθυνσης
ທາງ
δρόμος
ທົ່ງຫຍ້າ
λιβάδι
ກ້ອນຫີນ
πέτρα
ນັກເດີນທາງໄກດ້ວຍການຍ່າງ
πεζοπόρος
ຕົ້ນໄມ້
δέντρο
ແມ່ນ້ຳ
ποτάμι
ຫຍ້າ
χορτάρι
ດອກໄມ້
λουλούδι

ຮ່ອມພູ

κοιλάδα

ເນີນເຂົາ

λόφος

ທະເລສາບ

λίμνη

ປ່າ

δάσος

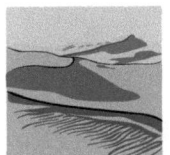

ທະເລຊາຍ

έρημος

ພູເຂົາໄຟ

ηφαίστειο

ທຳປະສາດ

κάστρο

ຮຸ້ງກິນນ້ຳ

ουράνιο τόξο

ເຫັດ

μανιτάρι

ຕົ້ນປາມ

φοίνικας

ຍຸງ

κουνούπι

ແມງວັນ

μύγα

ມົດ

μυρμήγκι

ເຜິ້ງ

μέλισσα

ແມງມຸມ

αράχνη

ແມງປິກແຂງ
σκαθάρι

ກິບ
βάτραχος

ກະຮອກ
σκίουρος

ເໝັ້ນ
σκαντζόχοιρος

ກະຕ່າຍປ່າ
λαγός

ນົກເຄົ້າ
κουκουβάγια

ນົກ
πουλί

ຫົງ
κύκνος

ໝູປ່າຕົວຜູ້
αγριογούρουνο

ກວາງ
ελάφι

ກວາງໃຫຍ່
άλκη

ເຂື່ອນ
φράγμα

ໝາກປືນ
ανεμογεννήτρια

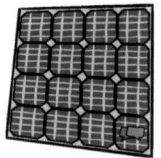

ແຜງໂຊລາເຊລ
ηλιακός συλλέκτης

ສະພາບອາກາດ
κλίμα

ຮ້ານອາຫານ

εστιατόριο

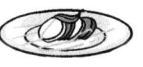

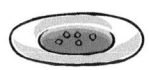

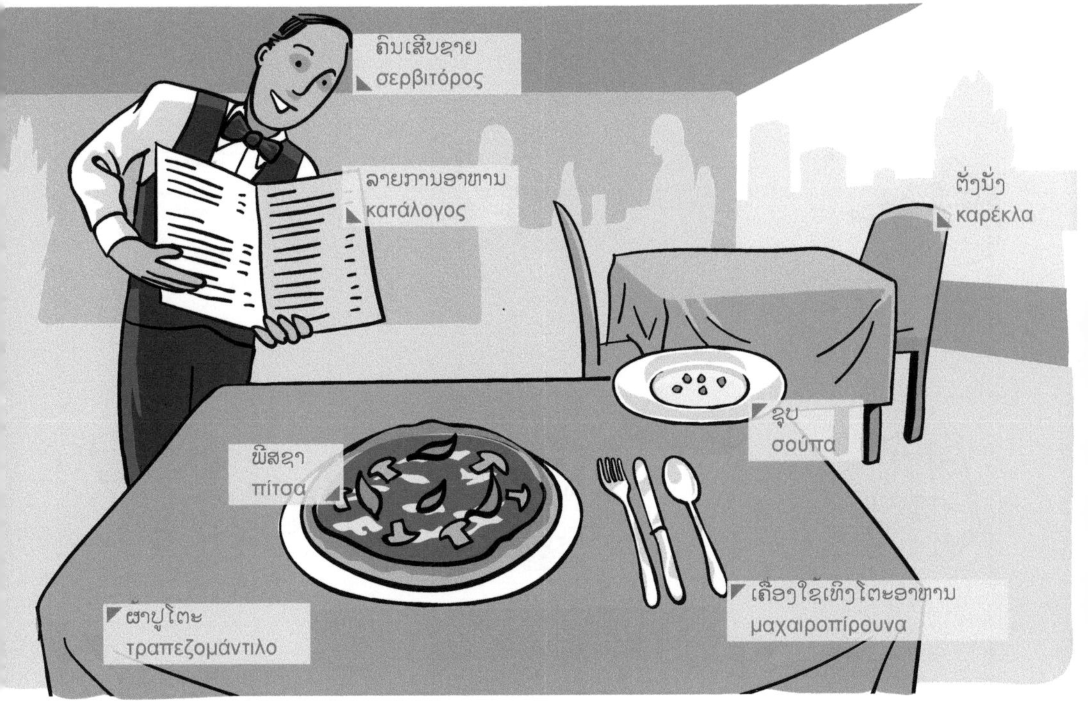

ຄົນເສີບຊາຍ
σερβιτόρος
ລາຍການອາຫານ
κατάλογος
ຕັ່ງນັ່ງ
καρέκλα
ຊຸບ
σούπα
ພິຊຊາ
πίτσα
ເຄື່ອງໃຊ້ເທິງໂຕະອາຫານ
μαχαιροπίρουνα
ຜ້າປູໂຕະ
τραπεζομάντιλο

ອາຫານເລີ່ມຕົ້ນ

ορεκτικό

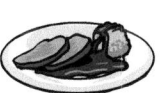

ອາຫານຈານຫຼັກ

κύριο πιάτο

ຂອງຫວານ

επιδόρπιο

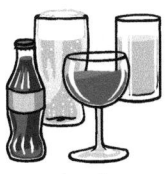

ເຄື່ອງດື່ມ

ποτά

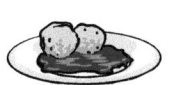

ອາຫານ

φαγητό

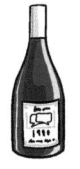

ຂວດແກ້ວ

μπουκάλι

ອາຫານຈານດ່ວນ
φαστ φουντ

ຮ້ານຂ້າງທາງ
φαγητό στ' όρθιο

ເຕົ້ານ້ຳຊາ
τσαγιέρα

ຖ້ວຍນ້ຳຕານ
δοχείο ζάχαρης

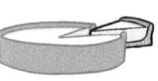

ສ່ວນແບ່ງອາຫານສຳລັບໜຶ່ງຄົນ
μερίδα

ເຄື່ອງຊົງກາເຟເອສເປຣສໂຊ
μηχανή εσπρέσο

ເກົ້າອີ້ສູງ
ψηλή καρέκλα

ໃບເກັບເງິນ
λογαριασμός

ຖາດ
δίσκος

ມີດ
μαχαίρι

ສ້ອມ
πιρούνι

ບ່ວງ
κουτάλι

ຊ້ອນຊາ
κουταλάκι του τσαγιού

ຜ້າເຊັດປາກຢູ່ໂຕະອາຫານ
πετσέτα φαγητού

ຈອກແກ້ວ
ποτήρι

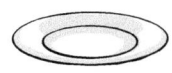

ຈານ
πιάτο

ຈານຊຸບ
πιάτο σούπας

ຈານຮອງ
πιατάκι φλιτζανιού

ຊອສ
σάλτσα

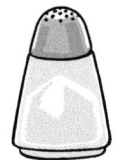

ກະປຸກເກືອ
αλατιέρα

ກະປຸກພິກໄທ
μύλος για πιπέρι

ນ້ຳສົ້ມສາຍຊູ
ξύδι

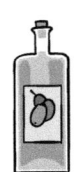

ນ້ຳມັນພືດ
λάδι

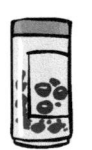

ເຄື່ອງເທດ
μπαχαρικά

ຊອສໝາກເດັ່ນ
κέτσαπ

ຜັກຈຳພວກຜັກກາດ
μουστάρδα

ມາຍອມເນສ
μαγιονέζα

ຊູບເປີມາກເກັດ

σούπερ μάρκετ

ຂໍ້ສະເໜີພິເສດ
προσφορά
FOR
ລູກຄ້າ
πελάτης
ຜະລິດຕະພັນທີ່ເຮັດຈາກນົມ
γαλακτοκομικά προϊόντα
ໝາກໄມ້
φρούτα
ລົດຊຸກ
καρότσι για ψώνια

BUTCHERS

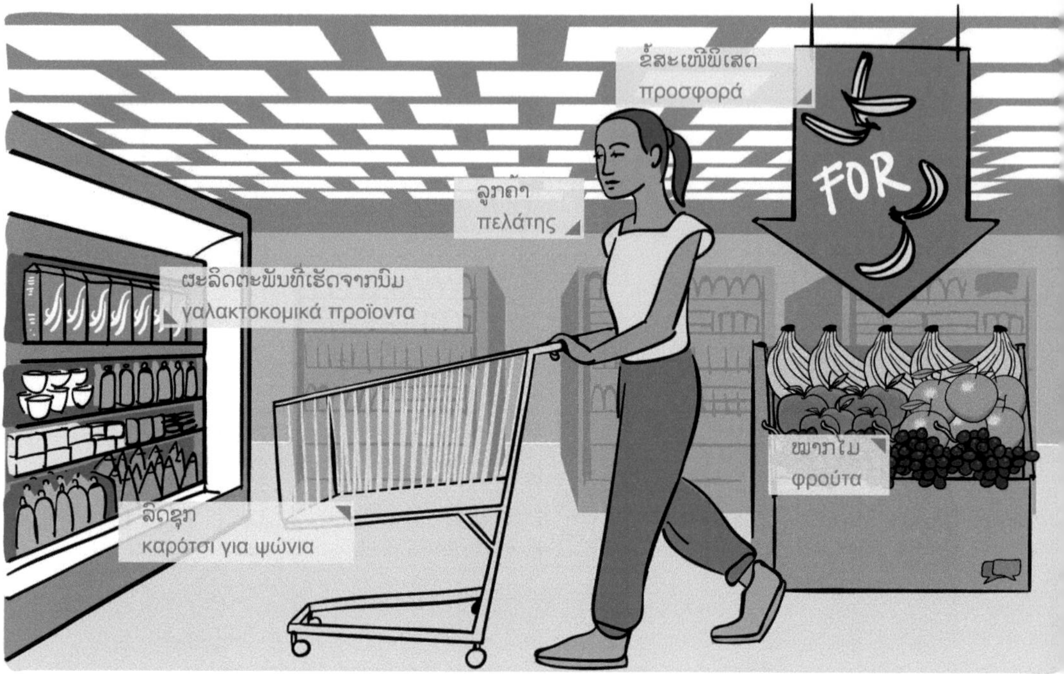

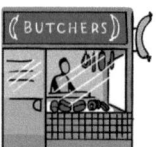

ຮ້ານຂາຍຊີ້ນ

κρεοπωλείο

BAKERY

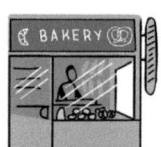

ຮ້ານຂາຍເຂົ້າໜົມປັງ

φούρνος

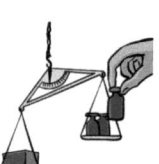

ຊັ່ງນ້ຳໜັກ

ζυγίζω

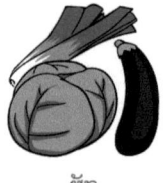

ຜັກ

λαχανικά

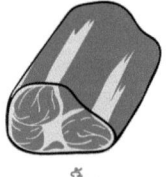

ຊີ້ນ

κρέας

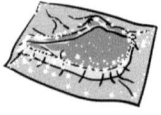

ອາຫານແຊ່ແຂງ

κατεψυγμένα τρόφιμα

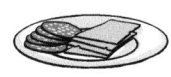

ຊີ້ນເຢັນ
αλλαντικά

ອາຫານກະປ໋ອງ
κονσερβοποιημένη τροφή

ແຟ່ບຊັກເຄື່ອງ
απορρυπαντικό ρούχων

ເຂົ້າໜົມຫວານ
γλυκά

ຜະລິດຕະພັນໃນຄົວເຮືອນ
οικιακά είδη

ຜະລິດຕະພັນທຳຄວາມສະອາດ
καθαριστικά προϊόντα

ພະນັກງານຂາຍຍິງ
πωλήτρια

ເຄື່ອງຄິດເງິນ
ταμείο

ພະນັກງານເກັບສິດ
ταμίας

ລາຍການຊື້ເຄື່ອງ
λίστα για ψώνια

ເວລາເປີດເຮັດວຽກ
ωράριο λειτουργίας

ກະເປົາເງິນ
πορτοφόλι

ບັດເຄຣດິດ
πιστωτική κάρτα

ຖົງ
τσάντα

ຖົງຢາງ
πλαστική σακούλα

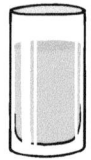

ນ້ຳ

νερό

ນ້ຳໝາກໄມ້

χυμός

ນົມ

γάλα

ໂຄກ

κόκα κόλα

ອາຍ

κρασί

ເບຍ

μπίρα

ເຫຼົ້າ

αλκοόλ

ໂກໂກ້

κακάο

ຊາ

τσάι

ກາເຟ

καφές

ເອສເປຣສໂຊ

εσπρέσο

ກາບູຊິໂນ

καπουτσίνο

ໝາກກ້ວຍ

μπανάνα

ແອັບເປິ້ນ

μήλο

ໝາກກ້ຽງ

πορτοκάλι

ໝາກໂມ

πεπόνι

ໝາກນາວ

λεμόνι

ຫົວກະຣິດ

καρότο

ຜັກທຽມ

σκόρδο

ຕົ້ນໄຜ່

μπαμπού

ຫອມບົ່ວ

κρεμμύδι

ເຫັດ

μανιτάρι

ຖົ່ວ

ξηροί καρποί

ເສັ້ນໝີ່

νούντλς

ສະປາແກັດຕີ້

μακαρόνια

ເຂົ້າ

ρύζι

ສະຫຼັດ

σαλάτα

ມັນຝຣັ່ງທອດ

πατατάκια

ມັນຝຣັ່ງທອດ

τηγανητές πατάτες

ພິສຊາ

πίτσα

ແຮມເບີເກີ້

χάμπουργκερ

ແຮມອິດຈ໌

σάντουιτς

ຊີ້ນຕິດກະດູກ

κοτολέτα

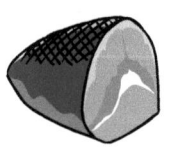

ແຮມ

ζαμπόν

ໄສ້ກອກແຫ້ງຊາລາມິ

σαλάμι

ໄສ້ກອກ

λουκάνικο

ໄກ່

κοτόπουλο

ຍ້າງ

ψητό

ປາ

ψάρι

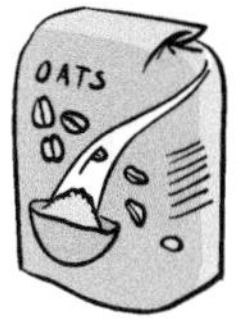

ເຂົ້າປຽກເຂົ້າໂອດ

χυλός βρώμης

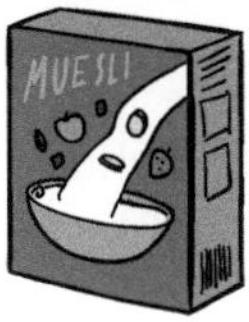

ອາຫານຊະນິດເປັນເມັດກອບ

μούσλι

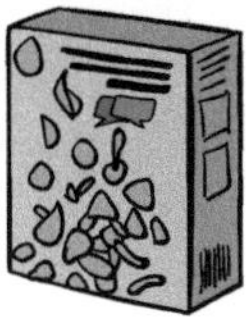

ເຂົ້າຊຽບເປັນປ່ຽງນ້ອຍໆ

κορν φλέικς

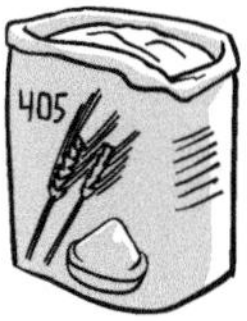

ເຂົ້າແປ້ງ

αλεύρι

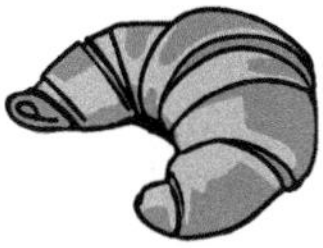

ເຂົ້າຈີ່ຊະນິດໜຶ່ງມີຮູບເດືອນເຄິ່ງ
ໜວຍ

κρουασάν

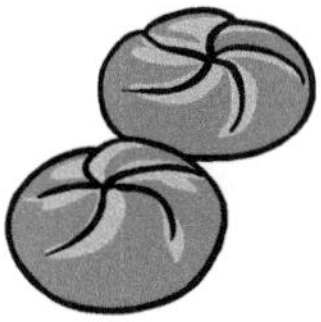

ເຂົ້າໜົມປັງແບບມ້ວນ

ψωμάκι

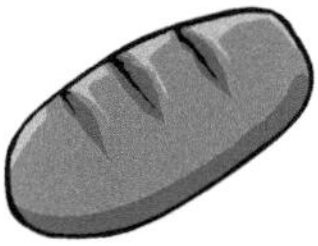

ເຂົ້າໜົມປັງ

ψωμί

ເຂົ້າໜົມປັງປີ້ງ

τοστ

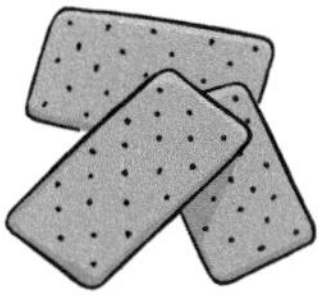

ເຂົ້າໜົມປັງຊະນິດກ້ອນນ້ອຍ

μπισκότα

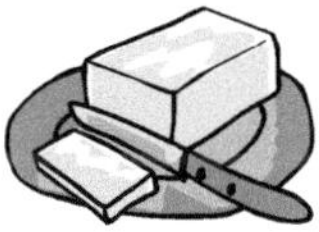

ເນີຍ

βούτυρο

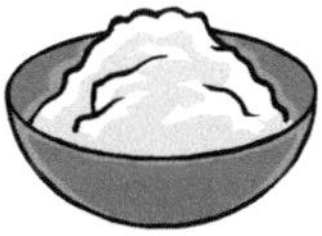

ນ້ຳນົມແຂ້ນ

τυρόπηγμα

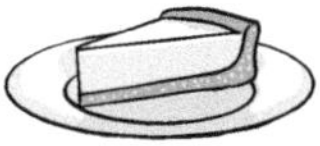

ເຄກ

κέικ

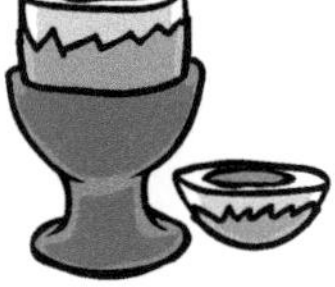

ໄຂ່

αυγό

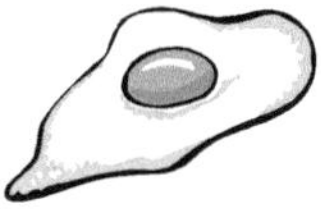

ໄຂ່ດາວ

τηγανητό αυγό

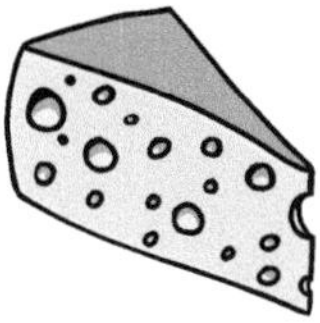

ເນີຍແຂງ

τυρί

ກະແລ້ມ

παγωτό

ນ້ຳຕານ

ζάχαρη

ນ້ຳເຜິ້ງ

μέλι

ແຍມ

μαρμελάδα

ຊ້ອກໂກແລັດຄຣີມສະເປຣດ

άλλειμμα σοκολάτας

ກະລີ່

κάρυ

ຟາມ
αγρόκτημα

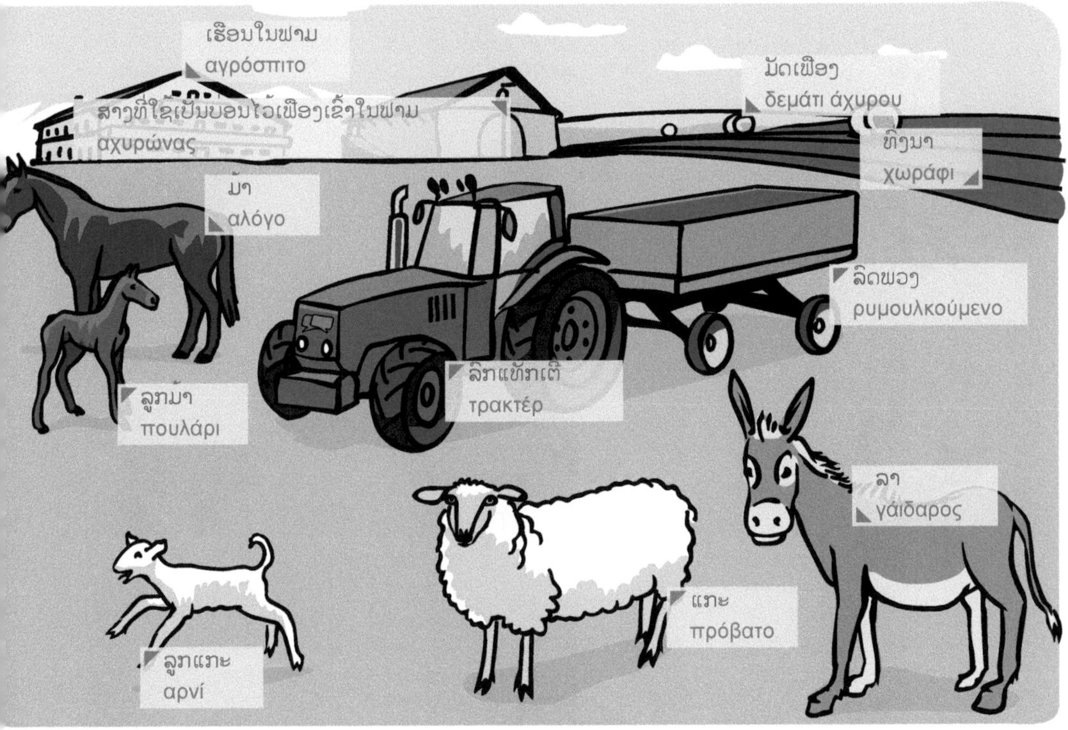
ເຮືອນໃນຟາມ
αγρόσπιτο
ສາງທີ່ໃຊ້ເປັນບອນໄວ້ເຟືອງເຂົ້າໃນຟາມ
αχυρώνας
ມັດເຟືອງ
δεμάτι άχυρου
ທົ່ງນາ
χωράφι
ມ້າ
αλόγο
ລົດພວງ
ρυμουλκούμενο
ລົດແທັກເຕີ
τρακτέρ
ລູກມ້າ
πουλάρι
ລາ
γάιδαρος
ແກະ
πρόβατο
ລູກແກະ
αρνί

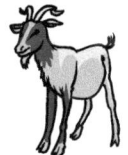

ແກະ

κατσίκα

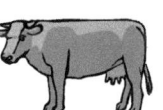

ງົວຕົວແມ່

αγελάδα

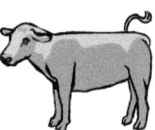

ລູກງົວ

μοσχαράκι

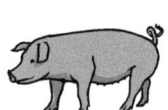

ໝູ

γουρούνι

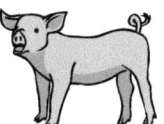

ລູກໝູ

γουρουνάκι

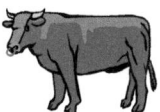

ງົວຕົວຜູ້

ταύρος

ຫ່ານ

χήνα

ເປັດ

πάπια

ລູກໄກ່

κοτοπουλάκι

ແມ່ໄກ່

κότα

ໄກ່ຜູ້

κόκορας

ໜູ

αρουραίος

ແມວ

γάτα

ໜູ

ποντίκι

ວົວຕົວຜູ້

βόδι

ໝາ

σκύλος

ຄອກໝາ

σπιτάκι σκύλου

ສາຍທໍ່ຍາງທີ່ໃຊ້ໃນສວນ

λάστιχο κήπου

ຂວດຫົດຕົ້ນໄມ້

ποτιστήρι

ກ່ຽວດ້າມຍາວ

θεριστήρι

ຄັນໄຖ

αλέτρι

ກ່ຽວ
δρεπάνι

ຈົກ
τσάπα

ຄາດ
δίκρανο

ຂວານ
τσεκούρι

ລົດຍູ້ລໍ້ດຽວ
χειράμαξα

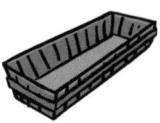

ທາງລົມ
ταΐστρα

ປ່ອງນົມ
δοχείο γάλακτος

ກະສອບ
σάκος

ຮົ້ວ
φράχτης

ຄອກມ້າ
στάβλος

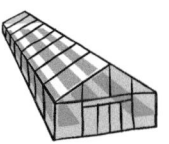

ເຮືອນກະຈົກ
θερμοκήπιο

ດິນ
έδαφος

ແກ່ນ
σπόρος

ປຸ໋ຍ
λίπασμα

ເຄື່ອງກ່ຽວເຂົ້າ
θεριζοαλωνιστική μηχανή

ຟາມ - αγρόκτημα

ເກັບກ່ຽວ

θερίζω

ການເກັບກ່ຽວ

συγκομιδή

ເຜືອກ

γιαμς

ເຂົ້າສາລີ

σιτάρι

ຖົ່ວເຫຼືອງ

σόγια

ມັນຝຣັ່ງ

πατάτα

ເຂົ້າໂພດ

καλαμπόκι

ດອກເຣພຊີດ

κράμβη

ຕົ້ນໄມ້ທີ່ອອກໝາກ

οπωροφόρο δέντρο

ມັນຕົ້ນ

μανιόκα

ພືດຊະນິດເມັດ

δημητριακά

ຟາມ - αγρόκτημα

ເຮືອນ

σπίτι

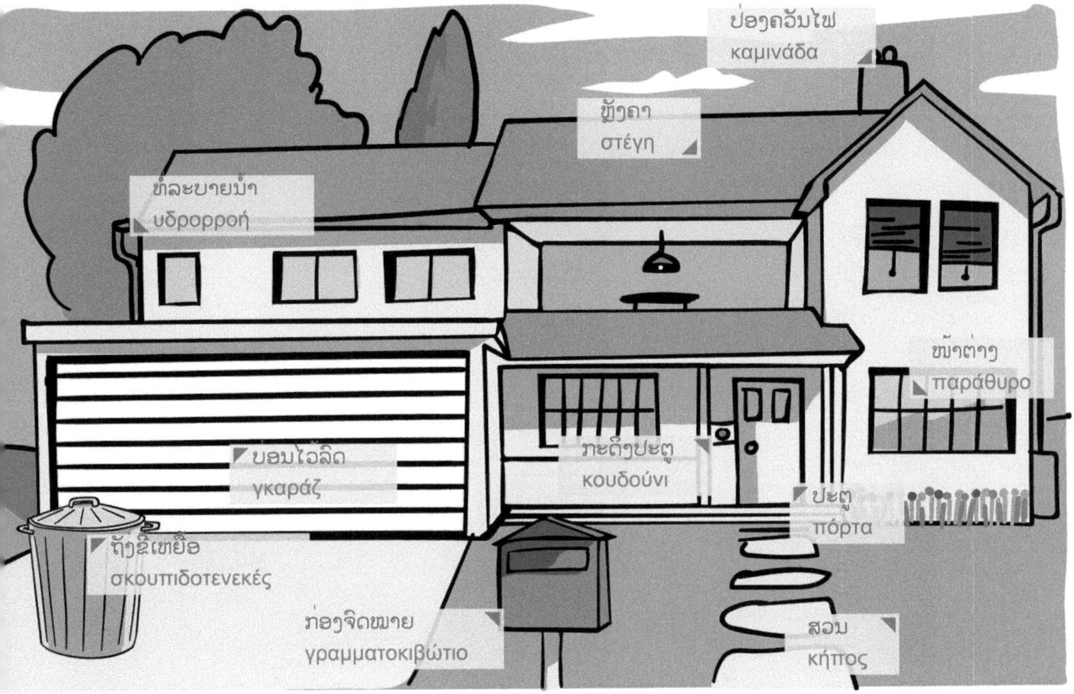

ປ່ອງຄວັນໄຟ
καμινάδα
ຫຼັງຄາ
στέγη
ທໍ່ລະບາຍນໍ້າ
υδρορροή
ໜ້າຕ່າງ
παράθυρο
ບ່ອນໄວ້ລົດ
γκαράζ
ກະດິ່ງປະຕູ
κουδούνι
ປະຕູ
πόρτα
ຖັງຂີ້ເຫຍື້ອ
σκουπιδοτενεκές
ກ່ອງຈົດໝາຍ
γραμματοκιβώτιο
ສວນ
κήπος

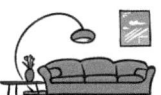

ຫ້ອງຮັບແຂກ

σαλόνι

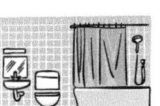

ຫ້ອງນໍ້າ

μπάνιο

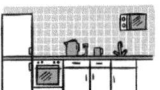

ຫ້ອງຄົວ

κουζίνα

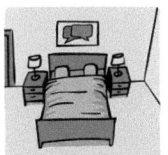

ຫ້ອງນອນ

υπνοδωμάτιο

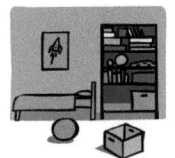

ຫ້ອງພັກສໍາລັບເດັກນ້ອຍ

παιδικό δωμάτιο

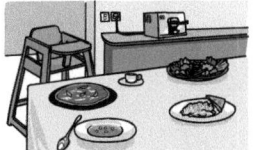

ຫ້ອງອາຫານ

τραπεζαρία

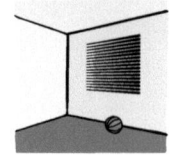

ພື້ນ
πάτωμα

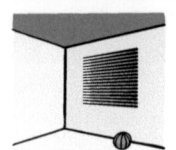

ຝາຜະໜັງ
τοίχος

ເພດານ
οροφή

ຫ້ອງເກັບເຄື່ອງໃຕ້ດິນ
κελάρι

ຫ້ອງອົບອາຍນ້ຳ
σάουνα

ລະບຽງ
μπαλκόνι

ຊຸ້ມຕາມຂ້າງພູ
βεράντα

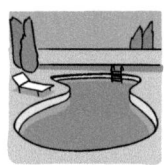

ສະລອຍນ້ຳ
πισίνα

ເຄື່ອງຕັດຫຍ້າ
μηχανή του γκαζόν

ຜ້າປູບ່ອນນອນ
σεντόνι

ຜ້າຫູ່ຕຽງ
κάλυμμα κρεβατιού

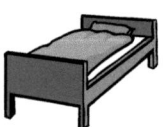

ຕຽງ
κρεβάτι

ຟອຍ
σκούπα

ຖຸ
κουβάς

ສະວິດ
διακόπτης

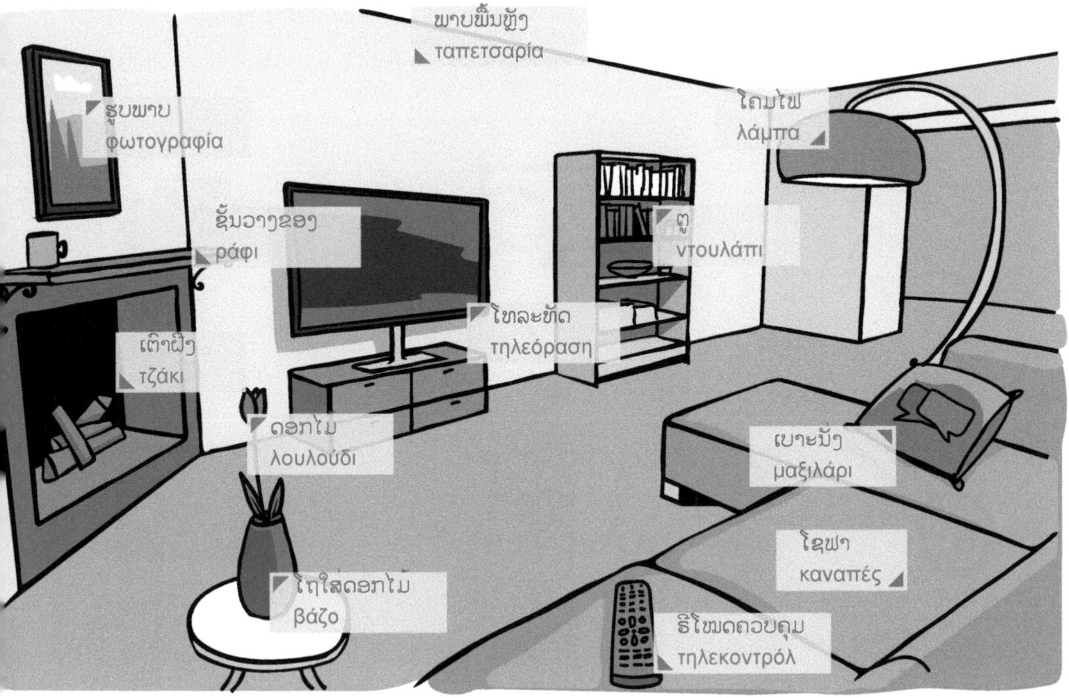

ພາບພິ້ມຫ້ວງ
ταπετσαρία

ຮູບພາບ
φωτογραφία

ໂຄມໄຟ
λάμπα

ຊັ້ນວາງເຄື່ອງ
ράφι

ຕູ້
ντουλάπι

ໂທລະທັດ
τηλεόραση

ເຕົາຜີງ
τζάκι

ດອກໄມ້
λουλούδι

ເບາະນັ່ງ
μαξιλάρι

ໂຊຟາ
καναπές

ແກ້ວໃສ່ດອກໄມ້
βάζο

ຣີໂມດຄອບຄຸມ
τηλεκοντρόλ

ພົມປູພື້ນ
χαλί

ຜ້າກັ້ງ
κουρτίνα

ໂຕະ
τραπέζι

ຕັ່ງນັ່ງ
καρέκλα

ຕັ່ງນັ່ງແບບໂຍກໄດ້
κουνιστή πολυθρόνα

ຕັ່ງນັ່ງທີ່ມີບ່ອນວາງແຂນ
πολυθρόνα

ໜັງສື

βιβλίο

ຜ້າຫົ່ມ

κουβέρτα

ຂອງຕົກແຕ່ງ

διακόσμηση

ຟືນ

καυσόξυλα

ຮູບເງົາ

ταινία

ເຄື່ອງສຽງລະບົບໄຮໄຟ

στερεοφωνικό σύστημα

ກະແຈ

κλειδί

ໜັງສືພິມ

εφημερίδα

ຮາມແຕ້ມຮູບ

πίνακας ζωγραφικής

ໂປສເຕີ

αφίσα

ວິທະຍຸ

ραδιόφωνο

ແຜ່ນບັນທຶກ

σημειωματάριο

ເຄື່ອງດູດຝຸ່ນ

ηλεκτρική σκούπα

ຕົ້ນກະບອງເພັດ

κάκτος

ທຽນໄຂ

κερί

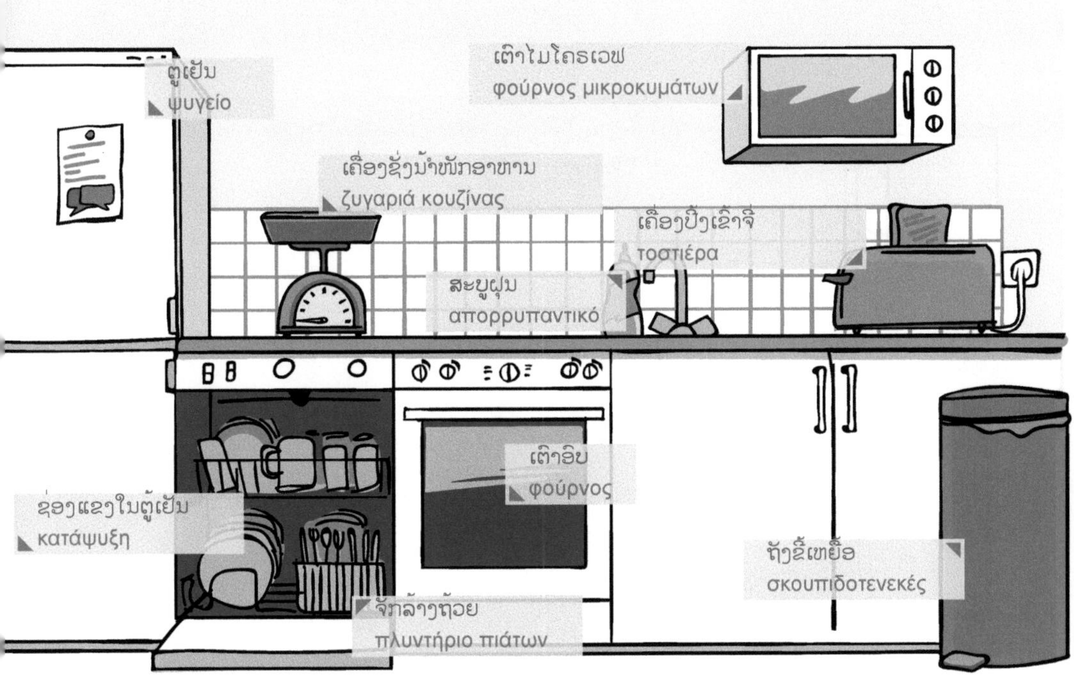

ຕູ້ເຢັນ
ψυγείο

ເຕົາໄມໂຄຣເອຟ
φούρνος μικροκυμάτων

ເຄື່ອງຊັ່ງນ້ຳໜັກອາຫານ
ζυγαριά κουζίνας

ເຄື່ອງປີ່ງເຂົ້າຈີ່
τοστιέρα

ສະບູຝຸ່ນ
απορρυπαντικό

ຊ່ອງແຊງໃນຕູ້ເຢັນ
κατάψυξη

ເຕົາອົບ
φούρνος

ຖັງຂີ້ເຫຍື້ອ
σκουπιδοτενεκές

ຈັກລ້າງຖ້ວຍ
πλυντήριο πιάτων

ໝໍ້ຕົ້ມ
κουζίνα

ໝໍ້
κατσαρόλα

ໝໍ້ເຫຼັກາຫຼໍ່
μαντεμένια κατσαρόλα

ໝໍ້ກະທະຈົນ
γουόκ/καντάι

ໝໍກະທະກົ້ນແບນ
τηγάνι

ກາຕົ້ມນ້ຳ
βραστήρας

ໝໍ້ໄອໝ້າ

ατμομάγειρας

ຖາດອົບ

ταψί

ເຄື່ອງຖ້ວຍຊາມ

πιατικά

ຈອກທຶມ

κούπα

ຖ້ວຍ

μπολ

ໄມ້ທູ່

ξυλάκια

ຈອງດ້າມຍາວ

κουτάλα

ຕະຫຼິວ

σπάτουλα

ເຄື່ອງຕີໄຂ່

ανακατεύω

ກະຊອນ

σουρωτήρι

ເຄື່ອງຣ່ອນ

σουρωτηράκι

ເຫຼັກຂູດ

τρίφτης

ຄົກ

γουδί

ບາບິຄິວ

ψησταριά

ແຄມໄຟຫຼາງອອນ

ανοιχτή φωτιά

ຂຽງ

σανίδα κοπής

ໄມ້ບດແປ້ງ

πλάστης

ເຄື່ອງໄຂດອມແກ້ວ

ανοιχτήρι φελλών

ກະປ໋ອງ

κονσέρβα

ເຄື່ອງເປີດກະປ໋ອງ

ανοιχτήρι κονσέρβας

ຖົງມືຈັບຂອງຮ້ອນ

γάντι φούρνου

ອ່າງລ້າງຈານ

νεροχύτης

ແປງ

βούρτσα

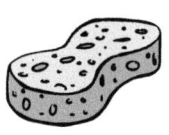

ຟອງນ້ຳ

σφουγγάρι

ເຄື່ອງປັ່ນ

μπλέντερ

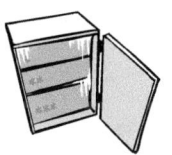

ຕູ້ແຊ່ແຂງ

καταψύκτης

ຂວດນົມ

μπιμπερό

ກ໊ອກນ້ຳ

βρύση

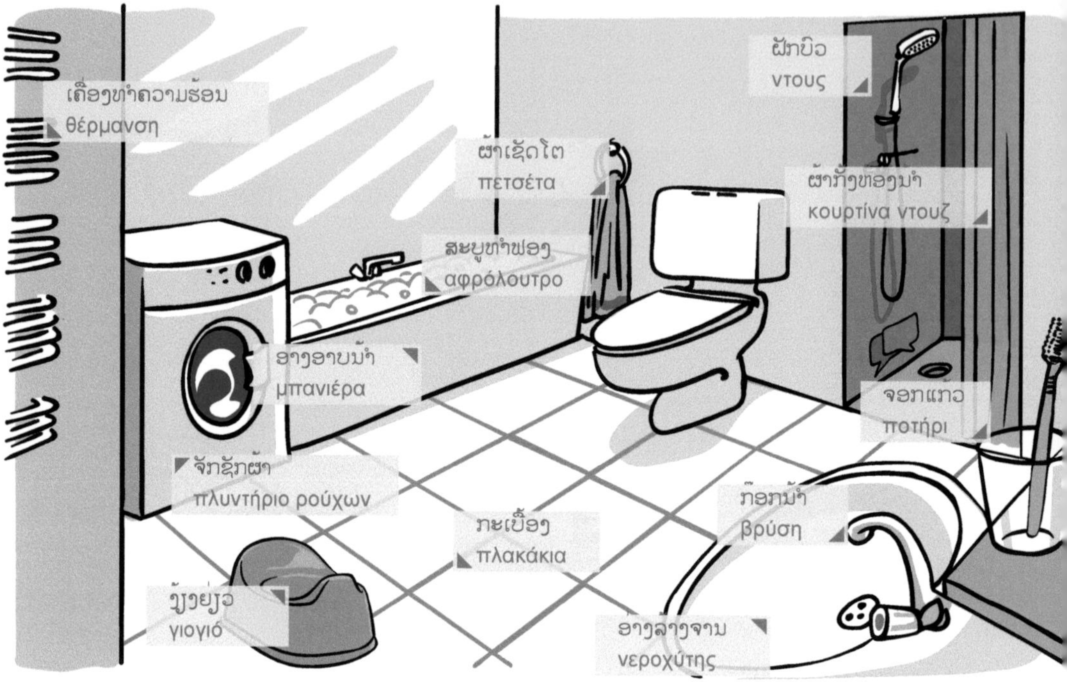
ເຄື່ອງທຳຄວາມຮ້ອນ
θέρμανση
ຝັກບົວ
ντους
ຜ້າເຊັດໂຕ
πετσέτα
ຜ້າກັ້ງຫ້ອງນ້ຳ
κουρτίνα ντουζ
ສະບູທຳຟອງ
αφρόλουτρο
ອ່າງອາບນ້ຳ
μπανιέρα
ຈອກແກ້ວ
ποτήρι
ຈັກຊັກຜ້າ
πλυντήριο ρούχων
ກ໊ອກນ້ຳ
βρύση
ກະເບື້ອງ
πλακάκια
ຽັ້ງຍ່ຽວ
γιογιό
ອ່າງລ້າງຈານ
νεροχύτης

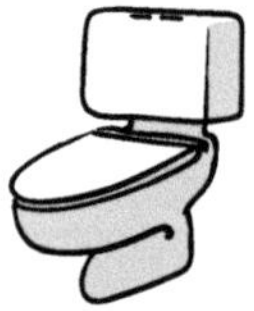

ຫ້ອງສ້ວມ

τουαλέτα

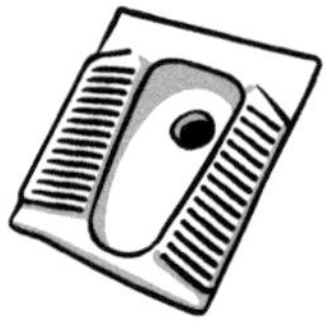

ໂຖສ້ວມແບບນັ່ງຍອງ

τούρκικη τουαλέτα

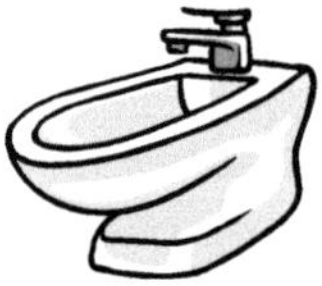

ໂຖຍ່ຽວຂອງຜູ້ຍິງ

μπιντές

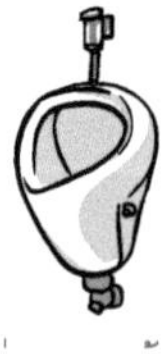

ໂຖຍ່ຽວຂອງຜູ້ຊາຍ

ουρητήριο

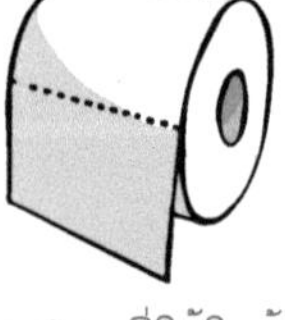

ກະດາດຊຳລະທີ່ໃຊ້ໃນຫ້ອງນ້ຳ

χαρτί υγείας

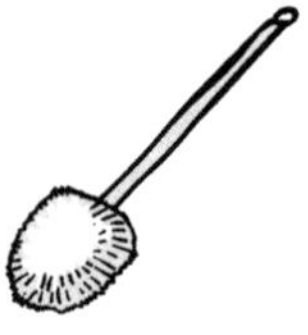

ແປງຂັດຫ້ອງນ້ຳ

πιγκάλ

ແປງສີຟັນ

οδοντόβουρτσα

ຢາສີຟັນ

οδοντόκρεμα

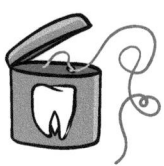

ໄໝຂັດແຂ້ວ

οδοντικό νήμα

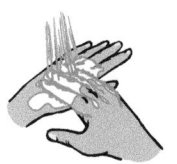

ລ້າງ

πλένω

ຝັກບົວອາບນ້ຳທີ່ໃຊ້ມືຈັບ

τηλέφωνο ντους

ເຄື່ອງສີດລ້າງ

ντουσιέρα

ອ່າງລ້າງໜ້າ

λεκάνη

ແປງຖູຫົວ

βούρτσα πλάτης

ສະບູ

σαπούνι

ເຈລອາບນ້ຳ

αφρόλουτρο

ແຊມພູ

σαμπουάν

ຜ້າຖູໂຕນ້ອຍ

φανέλα

ທໍ່ລະບາຍນ້ຳເສຍ

σιφόνι

ຄີມ

κρέμα

ຢາດັບກິ່ນ

αποσμητικό

ແວ່ນແຍງ
....
καθρέφτης

ແວ່ນມືຖື
....
καθρέφτης χειρός

ມີດແຖບວດ
....
ξυραφάκι

ໂຟມແຖບວດ
....
αφρός ξυρίσματος

ໂລຊັ່ນບຳລຸຜິວຫຼັງແຖບວດ
....
αφτερσέιβ

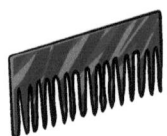

ຫວີ
....
χτένα

ແປງ
....
βούρτσα

ຈັກເປົ່າຜົມ
....
σεσουάρ

ສະເປຮັດຜົມ
....
λακ

ຊຸດເຄື່ອງສຳອາງ
....
μακιγιάζ

ລິບສະຕິກທາປາກ
....
κραγιόν

ນ້ຳຢາທາເລັບ
....
βερνίκι νυχιών

ສຳລີ
....
βαμβάκι

ມີດຕັດເລັບ
....
ψαλίδι νυχιών

ນ້ຳຫອມ
....
άρωμα

ກະເປົ໋າອາບນ້ຳ

νεσεσέρ

ຕັ່ງສາມຂາ

σκαμπό

ເຄື່ອງຊັ່ງນ້ຳໜັກ

ζυγαριά

ເສື້ອຄຸມອາບນ້ຳ

μπουρνούζι

ຖົງມືຢາງ

ελαστικά γάντια

ຜ້າອະນາໄມແບບສອດ

ταμπόν

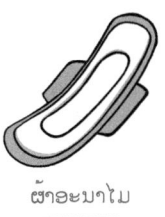

ຜ້າອະນາໄມ

πετσέτα υγιεινής

ຫ້ອງນ້ຳເຄມີ

χημική τουαλέτα

παιδικό δωμάτιο

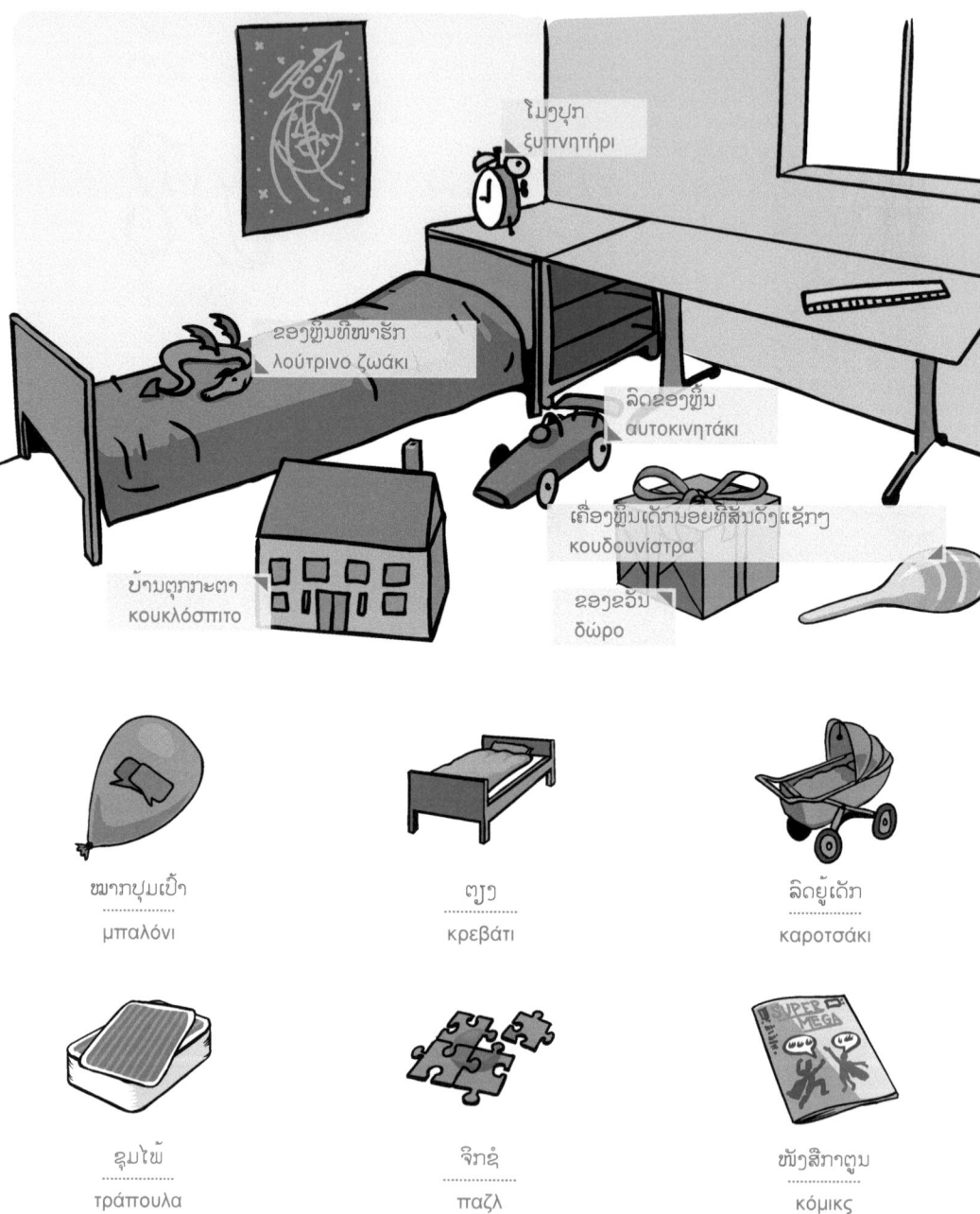

ໂມງປຸກ
ξυπνητήρι

ຂອງຫຼິ້ນທີ່ພາຮັກ
λούτρινο ζωάκι

ລົດຂອງຫຼິ້ນ
αυτοκινητάκι

ເຄື່ອງຫຼິ້ນເດັກນອຍທີ່ສັ່ນດັ່ງແຊັກໆ
κουδουνίστρα

ຂອງຂວັນ
δώρο

ບ້ານຕຸ໊ກກະຕາ
κουκλόσπιτο

ຫມາກປຸມເປົ້າ
....
μπαλόνι

ຕຽງ
....
κρεβάτι

ລົດຍູ້ເດັກ
....
καροτσάκι

ຊຸມໄພ້
....
τράπουλα

ຈິກຊໍ
....
παζλ

ຫັ້ວສິໂກຕູນ
....
κόμικς

ຕິວຕໍ່ເລໂກ້

τουβλάκια lego

ບລ໊ອກຂອງຫຼິ້ມ

τουβλάκια κατασκευών

ຮູບປັ້ນທີ່ເຄື່ອນໄຫວໄດ້

φιγούρα δράσης

ເສື້ອຜ້າເດັກເກິດໃໝ່

βρεφικό φορμάκι

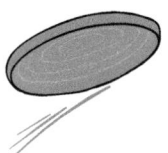

ຈານບິນ

φρίσμπι

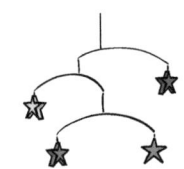

ສິ່ງທີ່ແກວ່ງໄປມາແຂນຢູ່ເທິງທິວ
ຫຼງເດັກນ້ອຍ

μόμπιλο

ເກມກະດານ

επιτραπέζιο παιχνίδι

ໝາກກະລ້ອກ

ζάρια

ຊຸດລົດໄຟຈຳລອງ

σετ τρενάκι

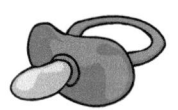

ຮູບທຸ່ມ

πιπίλα

ງານລ້ງງ

πάρτι

ໜັງສືພາບ

εικονογραφημένο βιβλίο

ໝາກບານ

μπάλα

ຕຸກກະຕາ

κούκλα

ຫຼິ້ນ

παίζω

ຂຸມດິນຊາຍສຳລັບເດັກນ້ອຍຫຼິ້ນ

σκάμμα με άμμο

ຊິງຊ້າ

κούνια

ຂອງຫຼິ້ນ

παιχνίδια

ເຄື່ອງຫຼິ້ນວິດີໂອເກມ

κονσόλα βιντεοπαιχνιδιών

ລົດຖີບສາມລໍ້

τρίκυκλο

ຕຸກກະຕາໝີ

αρκουδάκι

ຕູ້ເສື້ອຜ້າ

ντουλάπα

ລອງເທົ້າ

κάλτσες

ຖົງເທົ້າຍາວຜູ້ຍິງ

καλτσοδέτες

ໂສ້ງຢືດແບບເນື້ອ

καλσόν

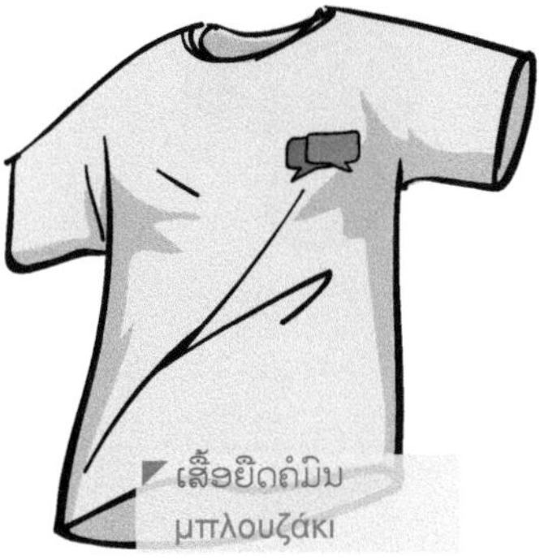

ຜ້າພັນຄໍ
κασκόλ

ສາຍແອວ
ζώνη

ຄັນຮົ່ມ
ομπρέλα

ເສື້ອຍືດຄໍມົນ
μπλουζάκι

ເກີບບຸດທ
μπότες

ເກີບແຕະ
παντόφλες

ເກີບກິລາ
αθλητικά παπούτσια

ເກີບຮ້າດາມ
....
σανδάλια

ເກີບ
....
παπούτσια

ເກີບບຸດທ່ຍາງ
....
γαλότσες

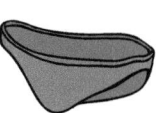

ໂສ້ງຊ້ອນໃນ
....
εσώρουχο

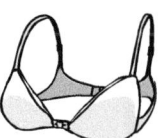

ເສື້ອຊ້ອນໃນ
....
σουτιέν

ເສື້ອກ້າມ
....
φανέλα

ເສື້ອຮັດທຸ່ມ

σώμα

ໂສ້ງຂາຍາວ

παντελόνι

ໂສ້ງຍືນ

τζιν παντελόνι

ກະໂປ່ງ

φούστα

ເສື້ອຜູ້ຍິງ

μπλούζα

ເສື້ອເຊິດ

πουκάμισο

ເສື້ອກັນຫນາວ

πουλόβερ

ເສື້ອຄຸມມີຫມວກ

πουλόβερ

ເສື້ອໃຫຍ່ທີ່ຕິດກາໂຮງຮຽນຫຼືກາຫິ
ມກີລາ

σακάκι

ເສື້ອແຈັກເກັດ

μπουφάν

ເສື້ອນອກ

παλτό

ເສື້ອກັນຝົນ

αδιάβροχο πανωφόρι

ເຄື່ອງແຕ່ງກາຍ

κοστούμι

ກະໂປ່ງ

φόρεμα

ຊຸດແຕ່ງງານ

νυφικό

ເສື້ອສູດ

κοστούμι

ຊຸດລາຕີ

νυχτικό

ຊຸດນອນ

πιτζάμες

ຊຸດຊາຣີ

σάρι

ຜ້າຄຸມຫົວ

μαντήλι

ຜ້າພັນຫົວ

τουρμπάνι

ເສື້ອບຸຣຸເຄາະ

μπούρκα

ເສື້ອຄຸມຄາຟຕານ

καφτάνι

ເສື້ອຄຸມອາບາຢາ

μουσουλμανικό ένδυμα

ຊຸດລອຍນ້ຳ

ολόσωμο μαγιό

ໂສ້ງໃສ່ລອຍນ້ຳ

ανδρικό μαγιό

ໂສ້ງຂາສັ້ນ

σορτς

ຊຸດອອມ

αθλητική φόρμα

ຜ້າກັນເປື້ອນ

ποδιά

ຖົງມື

γάντια

ກະດຸມ

κουμπί

ແວ່ນຕາ

γυαλιά

ປອກແຂນ

βραχιόλι

ສ້ອຍຄໍ

περιδέραιο

ແຫວນ

δαχτυλίδι

ຕຸ້ມຫູ

σκουλαρίκι

ໝວກແກັບ

καπέλο

ກ້າງແຂວນເສື້ອຫຍອກ

κρεμάστρα

ໝວກ

καπέλο

ກາລະຫວັດ

γραβάτα

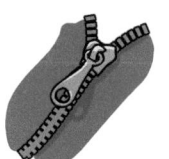

ຊິບ

φερμουάρ

ໝວກກັນກະທົບ

κράνος

ສາຍໂຍງໂສ້ງ

τιράντες

ຊຸດນັກຮຽນ

μαθητική στολή

ເຄື່ອງແບບ

στολή

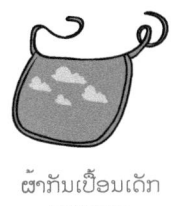

ຜ້າກັນເປື້ອນເດັກ

σαλιάρα

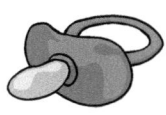

ຮູບຫຸ່ນ

πιπίλα

ຜ້າອ້ອມ

πάνα

ຫ້ອງການ

γραφείο

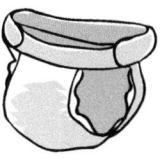

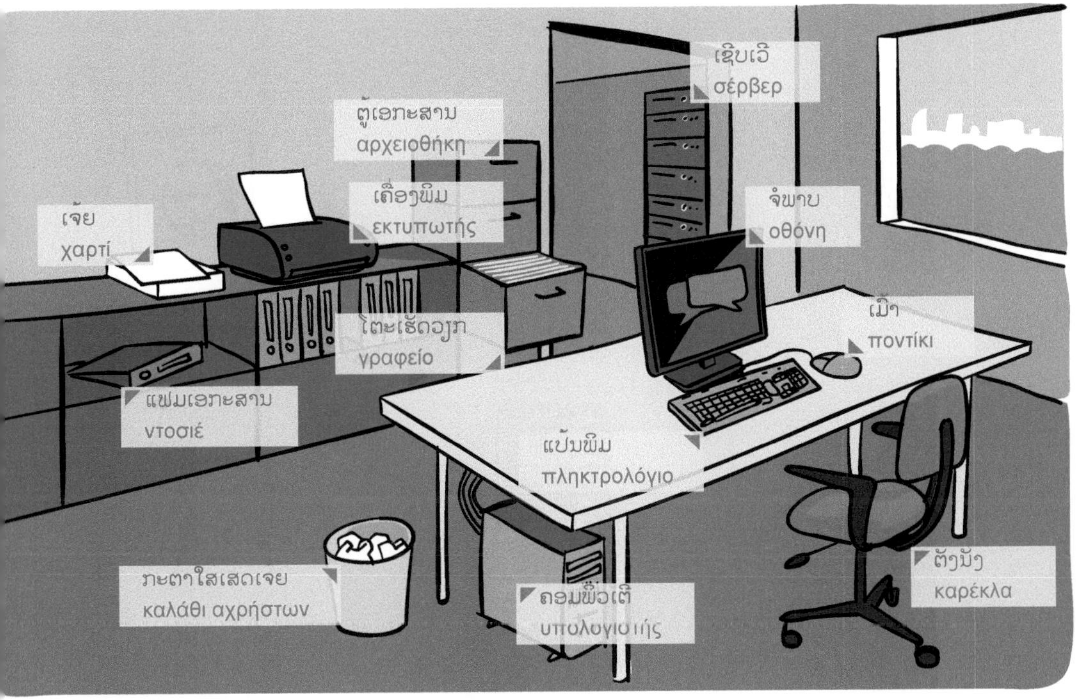

ເຊີບເວີ
σέρβερ
ຕູ້ເອກະສານ
αρχειοθήκη
ເຄື່ອງພິມ
εκτυπωτής
ເຈ້ຍ
χαρτί
ຈໍພາບ
οθόνη
ໂຕະເຮັດວຽກ
γραφείο
ເມົາ
ποντίκι
ແຟ້ມເອກະສານ
ντοσιέ
ແປ້ນພິມ
πληκτρολόγιο
ຕັ່ງນັ່ງ
καρέκλα
ກະຕາໃສ່ເສດເຈ້ຍ
καλάθι αχρήστων
ຄອມພິວເຕີ
υπολογιστής

ຈອກຫີນໃສ່ກາເຟ

κούπα του καφέ

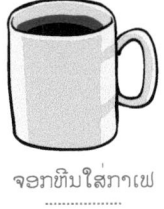

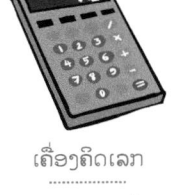

ເຄື່ອງຄິດເລກ

κομπιουτεράκι

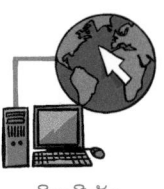

ອິນເຕີເນັດ

ίντερνετ

ຄອມພິວເຕີແລັບທ້ອບ

λάπτοπ

ຈົດໝາຍ

γράμμα

ຂໍ້ຄວາມ

μήνυμα

ໂທລະສັບມືຖື

κινητό

ເຄືອຂ່າຍ

δίκτυο

ເຄື່ອງຖ່າຍເອກະສານ

φωτοτυπικό μηχάνημα

ຊອບແວ

λογισμικό

ໂທລະສັບ

τηλέφωνο

ປັກໄຟ

πρίζα

ເຄື່ອງແຟັກ

συσκευή φαξ

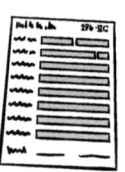

ແບບຟອມ

έντυπο

ເອກະສານ

έγγραφο

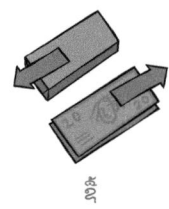

ຊື້

αγοράζω

ຈ່າຍ

πληρώνω

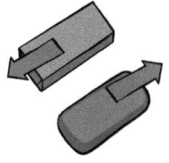

ຄ້າຂາຍ

συναλλάσσομαι

ເງິນ

χρήματα

ເງິນດອມລາ

δολάριο

ເງິນຍູໂຣ

ευρώ

ເງິນເຢນ

γιεν

ເງິນຣູເບິ້ລ

ρούβλι

ເງິນຝຣັ່ງສະວິດ

ελβετικό φράγκο

ເງິນຢວນເຣິນພິນບີ້

ρενμίνμπι γιουάν

ເງິນຣູປີ

ρουπία

ເຄື່ອງຈ່າຍເບິກເງິນສົດຈາກທະນາຄານ

ATM (αυτόματη ταμειακή μηχανή)

ບ່ອນແລກປ່ຽນເງິນຕາ
....
ανταλλακτήρια
συναλλάγματος

ທອງຄຳ
....
χρυσός

ເງິນ
....
ασήμι

ນ້ຳມັນ
....
πετρέλαιο

ພະລັງງານ
....
ενέργεια

ລາຄາ
....
τιμή

ສັນຍາ
....
συμβόλαιο

ພາສີ
....
φόρος

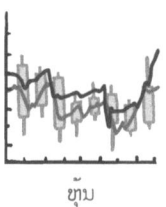

ຫຸ້ນ
....
μετοχή

ເຮັດວຽກ
....
δουλεύω

ລູກຈ້າງ
....
υπάλληλος

ນາຍຈ້າງ
....
εργοδότης

ໂຮງງານ
....
εργοστάσιο

ຮ້ານຄ້າ
....
κατάστημα

επαγγέλματα

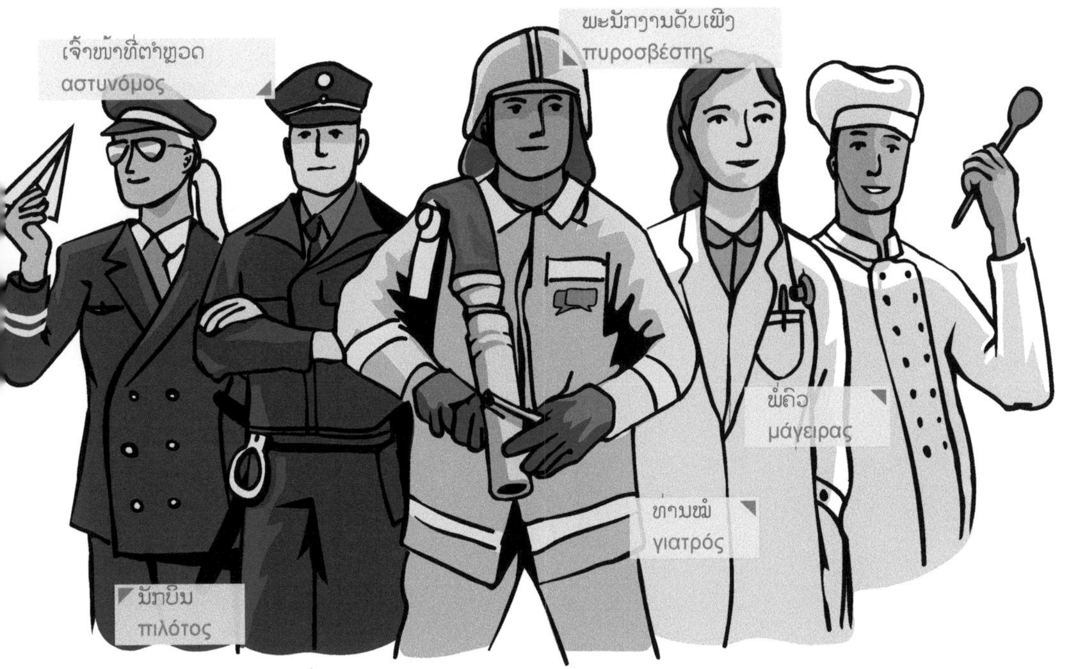
ເຈົ້າໜ້າທີ່ຕຳຫຼວດ
αστυνόμος
ພະນັກງານດັບເພີງ
πυροσβέστης
ພໍ່ຄົວ
μάγειρας
ທ່ານໝໍ
γιατρός
ນັກບິນ
πιλότος

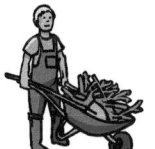

ຊາວສວນ

κηπουρός

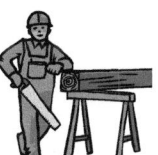

ຊ່າງໄມ້

ξυλουργός

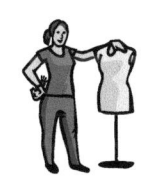

ຊ່າງຫຍິບຜ້າທີ່ເປັນຜູ້ຍິງ

μοδίστρα

ຜູ້ພິພາກສາ

δικαστής

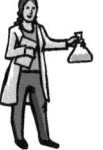

ນັກເຄມີ

χημικός

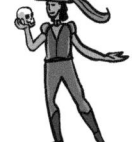

ນັກສະແດງຊາຍ

ηθοποιός

ຄົນຂັບລົດເມປະຈຳທາງ

οδηγός λεωφορείου

ຄົນຂັບແທັກຊີ

ταξιτζής

ຊາວປະມົງ

ψαράς

ແມ່ບ້ານທຳຄວາມສະອາດ

καθαρίστρια

ຊ່າງມຸງຫຼັງຄາ

τεχνίτης στεγών

ຄົນເສີບຂາຍ

σερβιτόρος

ນາຍພານ

κυνηγός

ຊ່າງຫາສີ

ζωγράφος

ຄົນເຮັດເຂົ້າໜົມປັງ

αρτοποιός

ຊ່າງໄຟຟ້າ

ηλεκτρολόγος

ຊ່າງກໍ່ສ້າງ

οικοδόμος

ວິສະວິກອນ

μηχανολόγος

ຄົນຂາຍຊີ້ນ

κρεοπώλης

ຊ່າງນ້ຳປະປາ

υδραυλικός

ບູລຸດໄປສະນີ

ταχυδρόμος

ທະຫານ

στρατιώτης

ສະຖາປະນິກ

αρχιτέκτονας

ພະນັກງານເງິນສົດ

ταμίας

ຄົນຂາຍດອກໄມ້

ανθοπώλης

ຊ່າງແຕ່ງຜົມ

κομμωτής

ພະນັກງານກວດປີ້ລົດ

ελεγκτής εισιτηρίων

ຊ່າງສ້ອມລົດຍົນ

μηχανικός

ຜູ້ບັງຄັບການ

καπετάνιος

ທັນຕະແພດ

οδοντίατρος

ນັກວິທະຍາສາດ

επιστήμονας

ພະໃບສາສະໜາຢິວ

ραβίνος

ຜູ້ນຳຊາວມຸສລິມ

ιμάμης

ຄູບາ

μοναχός

ນັກບວດ

ιερέας

ເຄື່ອງມື

εργαλεία

ຄ້ອນຕີ
σφυρί
ຄີມ
πένσα
ເຫຼັກໄຂຄວງ
κατσαβίδι
ຄີມປາກຕາຍ
Γαλλικό κλειδί
ໄຟສາຍ
φακός

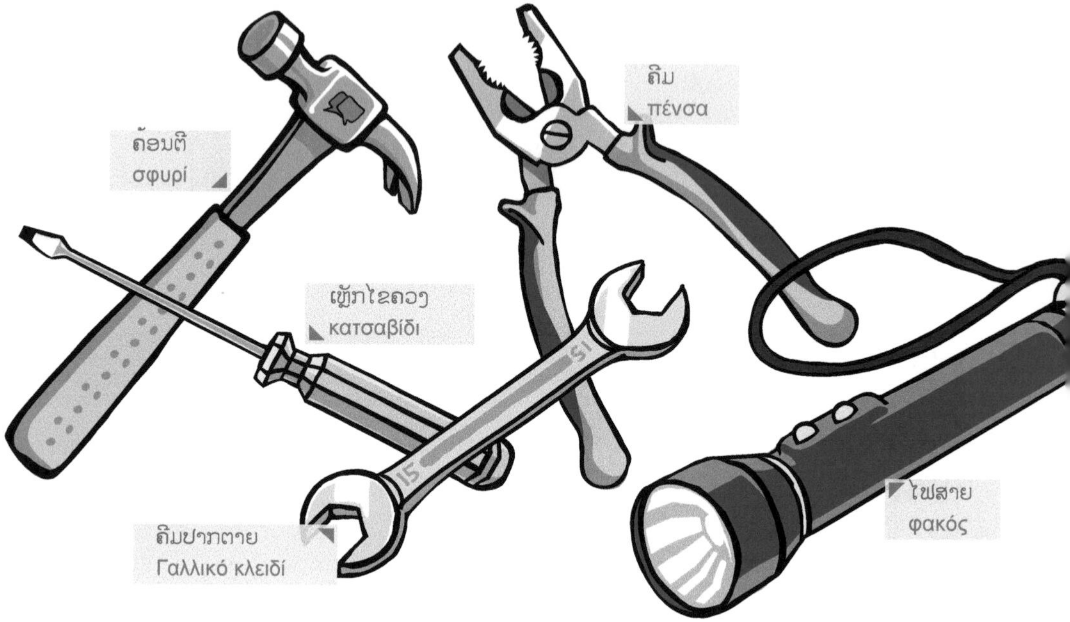

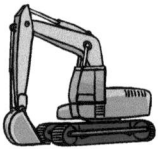

ເຄື່ອງຂູດ

εκσκαφέας

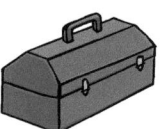

ກັບເຄື່ອງມື

εργαλειοθήκη

ຂັ້ນໄດ

σκάλα

ເລື່ອຍ

πριόνι

ຕະປູ

καρφιά

ເຫຼັກຊີ

τρυπάνι

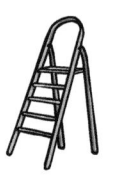

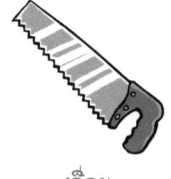

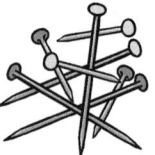

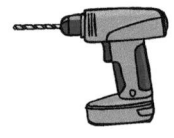

ສ້ອມແປງ

επισκευάζω

ຊ້ວມ

φτυάρι

ຕາຍທ່າ!

Να πάρει!

ຂອງຊ້ວມຂີ້ເຫຍື້ອ

φαράσι

ຖັງສີ

δοχείο χρωμάτων

ຕະປູກຽວ

βίδες

ເຄື່ອງດົນຕີ

μουσικά όργανα

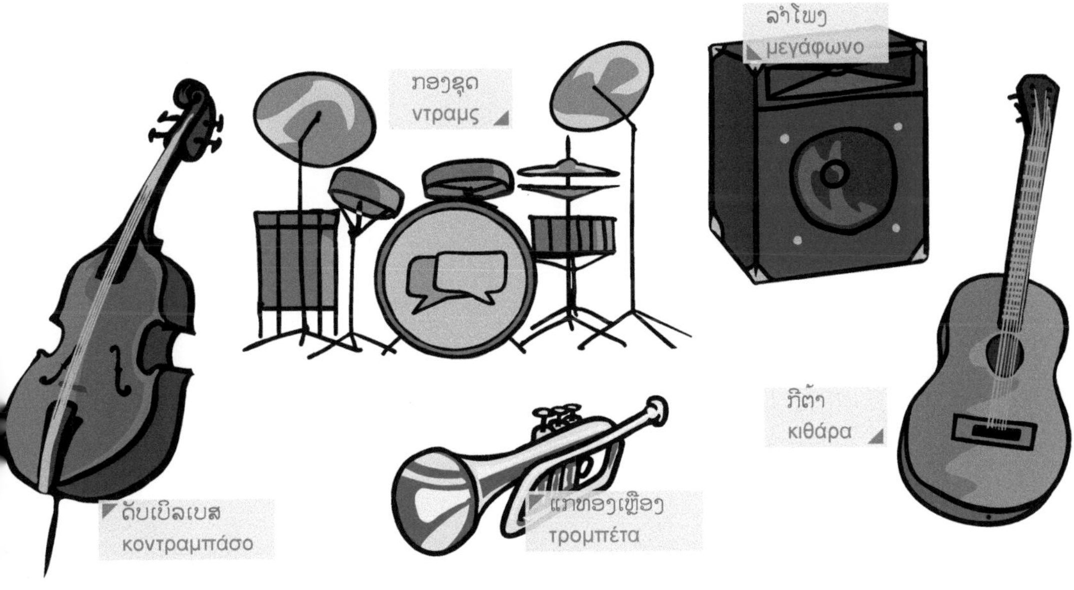

ກອງຊຸດ
ντραμς

ລຳໂພງ
μεγάφωνο

ຄັບເບິ່ລເບສ
κοντραμπάσο

ແກກອງເຜື້ອງ
τρομπέτα

ກີຕ້າ
κιθάρα

ເປຍໂນ
πιάνο

ໄວໂອລິນ
βιολί

ເບສ
μπάσο

ກອງທິມປານີ
τύμπανα

ກອງຊຸດ
τύμπανο

ຄີບອດ
πλήκτρα

ແຊັກໂຊໂຟນ
σαξόφωνο

ຂຸ່ຍ
φλάουτο

ໄມໂຄຣໂຟນ
μικρόφωνο

ເສືອ
τίγρης

ทางเຂົ້າ
είσοδος

ກົງຂັງບັກ
κλουβί

ມ້າລາຍ
ζέβρα

ອາຫານສັດ
ζωοτροφή

ໝີແພນດ້າ
πάντα

ສັດ
ζώα

ຊ້າງ
ελέφαντας

ກັງກາຣູ
καγκουρό

ແຮດ
ρινόκερος

ລີງໂກມໃກຍ່
γορίλας

ໝີ
αρκούδα

ອູດ
καμήλα

ນົກກະຈອກເທດ
στρουθοκάμηλος

ສິງໂຕ
λιοντάρι

ລີງ
πίθηκος

ນົກຟລາມິງໂກ
φλαμίνγκο

ນົກແກ້ວ
παπαγάλος

ໝີຂົ້ວໂລກ
πολική αρκούδα

ນົກເພັນກວິນ
πιγκουίνος

ປາສະຫຼາມ
καρχαρίας

ນົກຍູງ
παγώνι

ງູ
φίδι

ແຂ້
κροκόδειλος

ຜູ້ເບິ່ງແຍງສວນສັດ
φύλακας ζωολογικού κήπου

ແມວນ້ຳ
φώκια

ເສືອຈາກົວ
τζάγκουαρ

ມ້າພັນມ້ອຍ

πόνυ

ເສືອດາວ

λεοπάρδαλη

ຮິບໂປ

ιπποπόταμος

ໂຕຈີຣາຟ

καμηλοπάρδαλη

ໜຽວ

αετός

ໝູປ່າຕົວຜູ້

αγριογούρουνο

ປາ

ψάρι

ເຕົ່າ

χελώνα

ຊ້າງນ້ຳ

θαλάσσιος ίππος

ໝາຈອກ

αλεπού

ກວາງນ້ອຍ

γαζέλα

ອາເມລິກັນຟຸດບອມ
Αμερικάνικο ποδόσφαιρο

ຊີ່ລິດຖີບ
ποδηλασία

ກິລາເທນນິສ
αντισφαίριση

ບັສເກັດບອລ
μπάσκετ

ກິລາລອຍນ້ຳ
κολύμβηση

ຊົກມວຍ
πυγχαμία

ກິລາຕີຄຶເດີ່ມນ້ຳແຂງ
χόκεϋ επί πάγου

ກິລາເຕະບານ
....
ποδόσφαιρο

ກິລາຕິດອກປີກໄກ່
....
μπάντμιντον

ກິລາປະເພດ ແລ່ນ
ເຕັ້ນແລະແກວ່ງ
....
στίβος

ແຮນບອລ
....
χάντμπολ

ກິລາສະກີ້
....
σκι

ກິລາໂປໂລນ້ຳ
....
πόλο

ໂດດ
πηδάω

ກອດ
αγκαλιάζω

ຫົວ
γελάω

ຍ່າງ
περπατάω

ຮ້ອງເພງ
τραγουδάω

ໄຫວ້ພະ / ສວດມົນ
προσεύχομαι

ຈູບ
φιλάω

ຝັນ
ονειρεύομαι

ຂຽນ
γράφω

ແຕ້ມ
σχεδιάζω

ສະແດງ
δείχνω

ຍູ້
πιέζω

ໃຫ້
δίνω

ເອົາໄປ
παίρνω

ມີ

έχω

ເຮັດ

κάνω

ເປັນ

είμαι

ຢືນ

στέκομαι

ແລ່ນ

τρέχω

ດຶງ

τραβάω

ໂຍນ

ρίχνω

ລົ້ມ

πέφτω

ນອນຢຽດ

ξαπλώνω

ລໍຖ້າ

περιμένω

ຫິ້

κουβαλώ

ນັ່ງ

κάθομαι

ແຕ່ງຕົວ

φοράω

ນອນຫຼັບ

κοιμάμαι

ຕື່ນນອນ

ξυπνάω

ເບິ່ງ
κοιτάω

ຮ້ອງໄຫ້
κλαίω

ລູບ
χαϊδεύω

ຫວີຜົມ
χτενίζω

ລົມ
μιλάω

ເຂົ້າໃຈ
καταλαβαίνω

ຖາມຖາມ
ρωτάω

ຟັງ
ακούω

ດື່ມ
πίνω

ກິນ
τρώω

ຈັດໃຫ້ເປັນລະບຽບ
συγυρίζω

ຮັກ
αγαπάω

ຄົວກິນ
μαγειρεύω

ຂັບລົດ
οδηγώ

ບິນ
πετάω

ແລ່ນເຮືອ

κάνω ιστιοπλοΐα

ຄິດໄລ່

υπολογίζω

ອ່ານ

διαβάζω

ຮຽນຮູ້

μαθαίνω

ເຮັດວຽກ

δουλεύω

ແຕ່ງງານ

παντρεύομαι

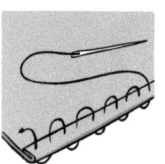

ຫຍິບ

ράβω

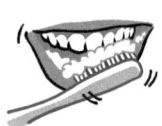

ແປງຟັນ

βουρτσίζω τα δόντια

ຂ້າ

σκοτώνω

ສູບຢາ

καπνίζω

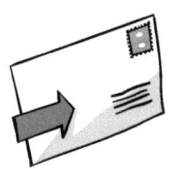

ສົ່ງ

στέλνω

ແມ່ເຖົ້າ
γιαγιά

ພໍ່ເຖົ້າ
παππούς

ພໍ່
πατέρας

ແມ່
μητέρα

ເດັກເກີດໃໝ່
μωρό

ລູກສາວ
κόρη

ລູກຊາຍ
γιος

ແຂກ

καλεσμένος

ປ້າ

θεία

ລຸງ

θείος

ອ້າຍນ້ອງ

αδελφός

ເອື້ອຍນ້ອງ

αδελφή

ຮ່າງກາຍ

σώμα

ໜ້າຜາກ
μέτωπο
ຕາ
μάτι
ບ່າໄຫຼ່
ώμος
ນີ້ວມື
δάχτυλο
ໃບໜ້າ
πρόσωπο
ຄາງ
πιγούνι
ມື
χέρι
ຂາ
πόδι
ໜ້າເອິກ
στήθος
ແຂນ
βραχίονας

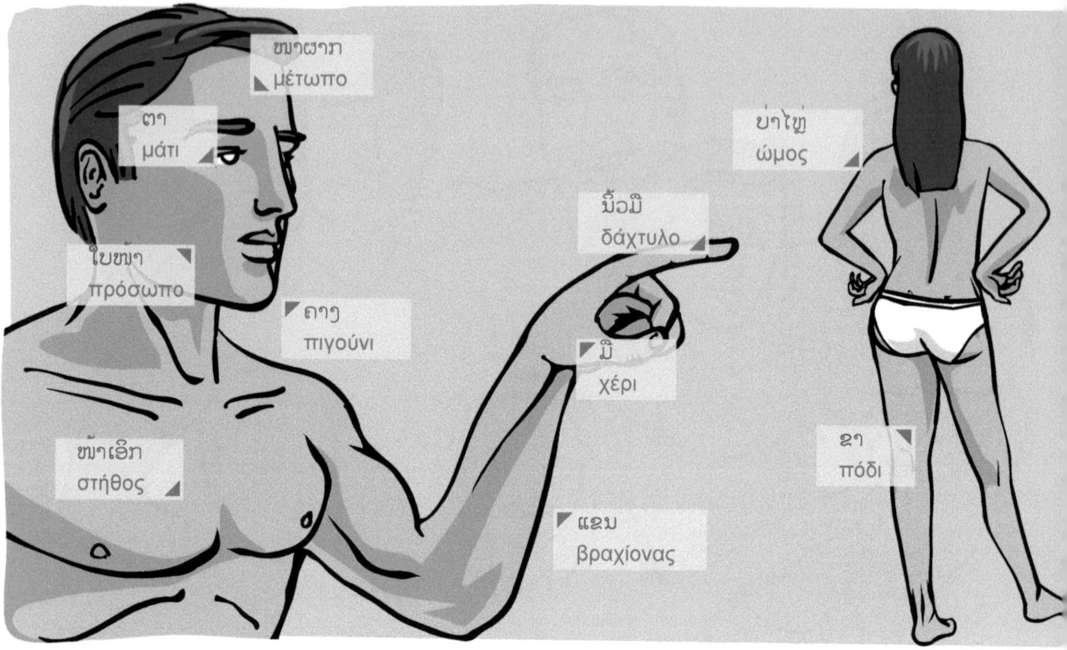

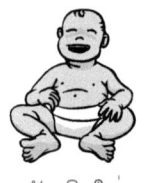

ເດັກເກີດໃໝ່

μωρό

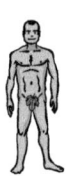

ຜູ້ຊາຍ

άνδρας

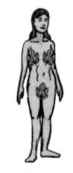

ຜູ້ຍິງ

γυναίκα

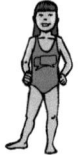

ເດັກຍິງ

κορίτσι

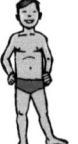

ເດັກຊາຍ

αγόρι

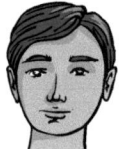

ຫົວ

κεφάλι

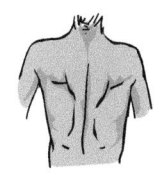

ຫຼັງ

πλάτη

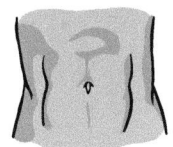

ທ້ອງ

κοιλιά

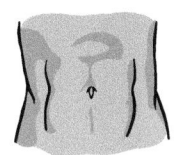

ສະບື

αφαλός

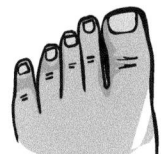

ນິ້ວຕີນ

δάχτυλο ποδιού

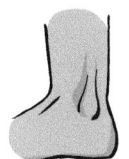

ສົ້ນຕີນ

φτέρνα

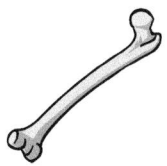

ກະດູກ

κόκκαλο

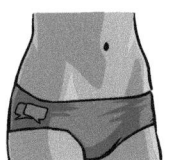

ກະໂພກ

γοφός

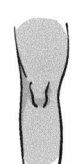

ຫົວເຂົ່າ

γόνατο

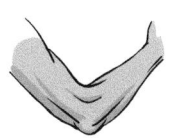

ແຂນສອກ

αγκώνας

ດັງ

μύτη

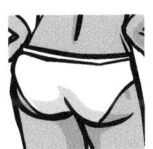

ກົ້ນ

γλουτός

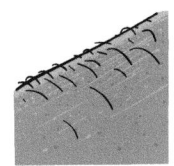

ຜິວໜັງ

δέρμα

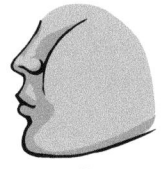

ແກ້ມ

μάγουλο

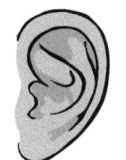

ຫູ

αυτί

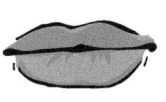

ຮີມສົບ

χείλος

ປາກ
στόμα

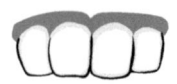

ແຂ້ວ
δόντι

ລີ້ນ
γλώσσα

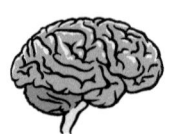

ສະໝອງ
εγκέφαλος

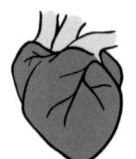

ຫົວໃຈ
καρδιά

ກ້າມເນື້ອ
μυς

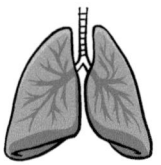

ປອດ
πνεύμονας

ຕັບ
συκώτι

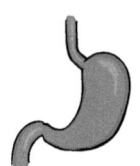

ກະເພາະ
στομάχι

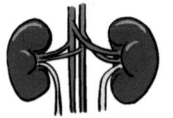

ໄຕ
νεφρά

ເພດສໍາພັນ
σεξουαλική επαφή

ຖົງຢາງອະນາໄມ
προφυλακτικό

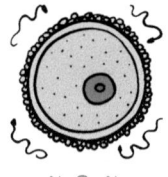

ເຊ້ລສືບພັນ
ωάριο

ນ້ຳອະສຸຈິ
σπέρμα

ການຖືພາ
εγκυμοσύνη

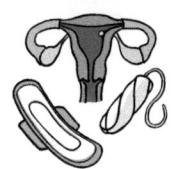

ປະຈຳເດືອນ
περίοδος

ຊ່ອງຄອດ
γυναικείος κόλπος

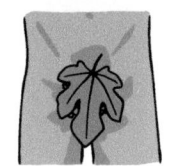

ອະໄວຍະວະເພດຊາຍ
πέος

ຄິ້ວ
φρύδι

ເສັ້ນຜົມ
μαλλιά

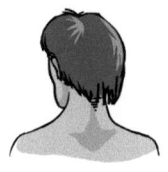

ຄໍ
λαιμός

ໂຮງໝໍ

νοσοκομείο

ໂຮງໝໍ
νοσοκομείο
ລົດໂຮງໝໍ
ασθενοφόρο
ລົດລໍ້
αναπηρικό καροτσάκι
ຮອຍແຕກ
κάταγμα

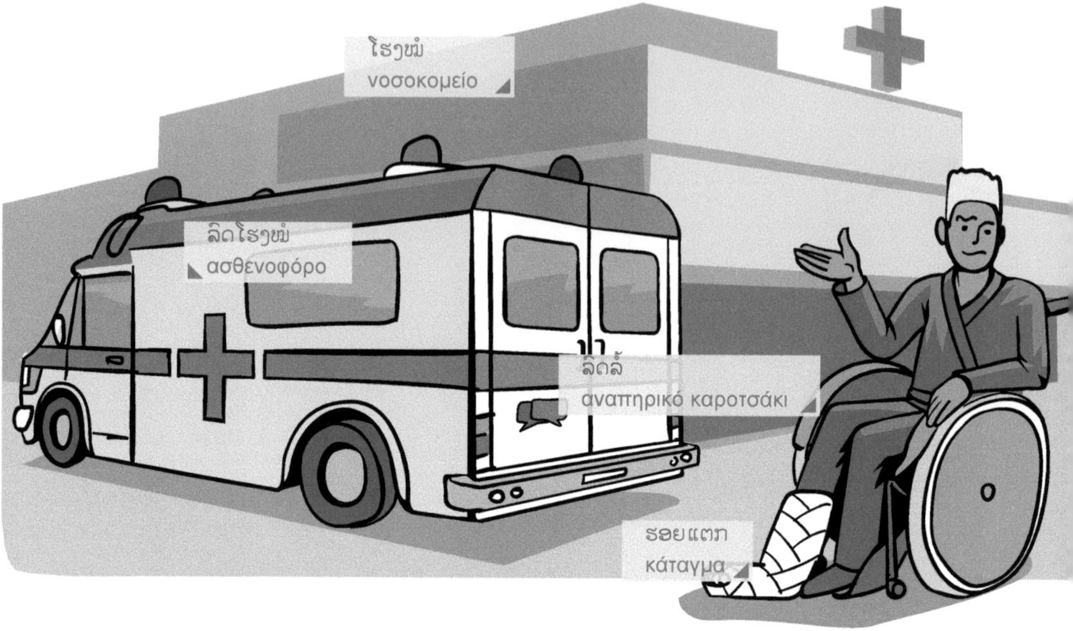

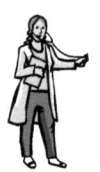

ທ່ານໝໍ

γιατρός

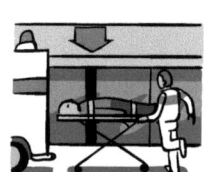

ຫ້ອງສຸກເສີນ

μονάδα εντατικής θεραπείας

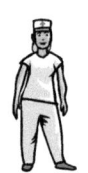

ພະຍາບານ

νοσοκόμα

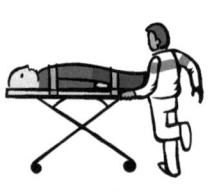

ສຸກເສີນ

έκτακτη ανάγκη

ໝົດສະຕິ

λιπόθυμος

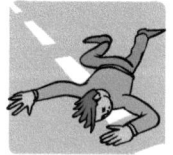

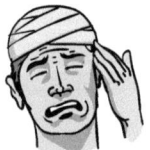

ອາການເຈັບປວດ

πόνος

ການບາດເຈັບ

τραύμα

ເລືອດໄຫຼ

αιμορραγία

ຫົວໃຈວາຍ

έμφραγμα

ໂรກຫລອດເລືອດໃນສະໝອງ

εγκεφαλικό

ອາການແພ້

αλλεργία

ໄອ

βήχας

ໄຂ້

πυρετός

ໄຂ້ຫວັດ

γρίπη

ຖອກທ້ອງ

διάρροια

ເຈັບຫົວ

πονοκέφαλος

ໂรກມະເລງ

καρκίνος

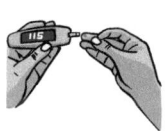

ພะຍາດເບົາຫວານ

διαβήτης

ໝໍຜ່າຕັດ

χειρουργός

ມີດຜ່າຕັດ

νυστέρι

ການຜ່າຕັດ

εγχείρηση

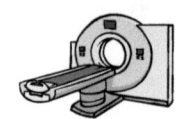

ເຄື່ອງເອັກສະເຣເຖອມພິວເຕີ

αξονική τομογραφία

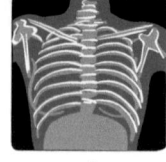

ເອັກສ໌-ເຣ

ακτινογραφία

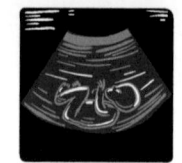

ອູລຕຣາຊາວ (ultrasound)

υπέρηχος

ໜ້າກາກອະນາໄມ

μάσκα

ພະຍາດ

ασθένεια

ຫ້ອງລໍຖ້າ

αίθουσα αναμονής

ໄມ້ຄ້ຳຂີ້ແຮ້

πατερίτσα

ຜ້າຍາງຕິດບາດ

χάνσαπλαστ

ຜ້າພັນແຜ

επίδεσμος

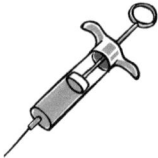

ສັກຢາ

ένεση

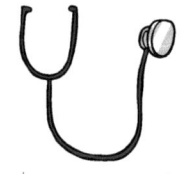

ເຄື່ອງຟັງປອດຫົວໃຈ

στηθοσκόπιο

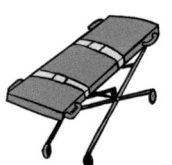

ເປທາມຄົນເຈັບ

φορείο

ບາຫຼອດວັດໄຂ້

θερμόμετρο

ການເກີດ

γέννηση

ນ້ຳຫັກເກີນ

υπέρβαρο

74   ໂຮງໝໍ - νοσοκομείο

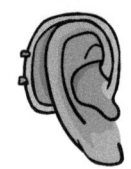

ເຄື່ອງຊ່ວຍຟັງ

ακουστικό βαρηκοΐας

ນ້ຳຢາຂ້າເຊື້ອ

αντισηπτικό

ການຕິດເຊື້ອ

λοίμωξη

ເຊື້ອໄວຣັສ

ιός

HIV / ເອດສ໌

HIV/AIDS

ຢາ

φάρμακο

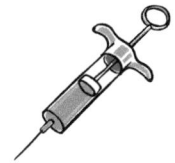

ການສັກວັກຊິນ

εμβολιασμός

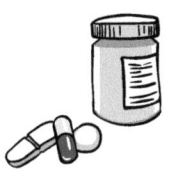

ຢາເມັດ

δισκία

ຢາເມັດ

χάπι

ໂທອອກສຸກເສີນ

κλήση έκτακτης ανάγκης

ເຄື່ອງວັດຄວາມດັນເລືອດ

πιεσόμετρο αίματος

ໄຂ້ / ສຸຂະພາບດີ

άρρωστος / υγιής

ຊ່ອຍດ້ວຍ!
Βοήθεια!

ສັນຍານເຕືອນໄພ
συναγερμός

ການທຳຮ້າຍຮ່າງກາຍ
βιαιοπραγία

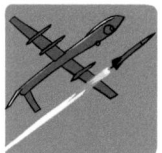

ການໂຈມຕີ
επίθεση

ອັນຕະລາຍ
κίνδυνος

ທາງອອກສຸກເສີນ
έξοδος κινδύνου

ໄຟໄໝ້!
Φωτιά!

ບັ້ງດັບເພີງ
πυροσβεστήρας

ອຸປະຕິເຫດ
ατύχημα

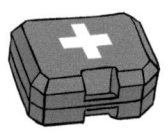

ຊຸດປະຖົມພະຍາບານຂັ້ນຕົ້ນ
κουτί πρώτων βοηθειών

ສັນຍານຂໍຄວາມຊ່ວຍເຫຼືອ
SOS

ຕຳຫຼວດ
αστυνομία

ເອີຣົບ

Ευρώπη

ອາເມລິກາເໜືອ

Βόρεια Αμερική

ອາເມລິກາໃຕ້

Νότια Αμερική

ອາຟຣິກາ

Αφρική

ເອເຊຍ

Ασία

ອອສເຕຣເລຍ

Αυστραλία

ແອດແລນຕິກ

Ατλαντικός Ωκεανός

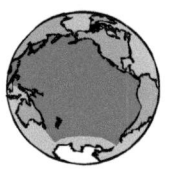

ປາຊີຟິກ

Ειρηνικός Ωκεανός

ມະຫາສະໝຸດອິນເດຍ

Ινδικός Ωκεανός

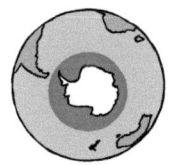

ມະຫາສະໝຸດແອນຕາຣຕິກ

Ανταρκτικός Ωκεανός

ມະຫາສະໝຸດອາກຕິກ

Αρκτικός Ωκεανός

ຂົ້ວໂລກເໜືອ

Βόρειος Πόλος

ຂົ້ວໂລກໃຕ້
Νότιος Πόλος

ແອນຕາດຕິກາ
Ανταρκτική

ໂລກ
Γη

ດິນ
γη

ທະເລ
θάλασσα

ເກາະ
νησί

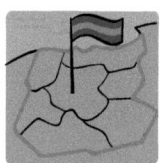

ຊາດ / ປະເທດຊາດ
έθνος

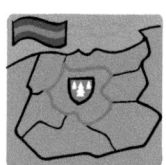

ລັດ
πολιτεία

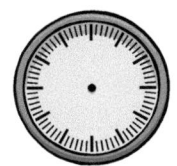

ໜ້າປັດໂມງ

καντράν ρολογιού

ເຂັມໂມງ

ωροδείκτης

ເຂັມນາທີ

λεπτοδείκτης

ເຂັມວິນາທີ

δείκτης δευτερολέπτων

ຈັກໂມງແລ້ວ?

Τι ώρα είναι;

ວັນ

ημέρα

ເວລາ

χρόνος

ຕອນນີ້

τώρα

ໂມງດິຈິຕອລ

ψηφιακό ρολόι

ນາທີ

λεπτό

ຊົ່ວໂມງ

ώρα

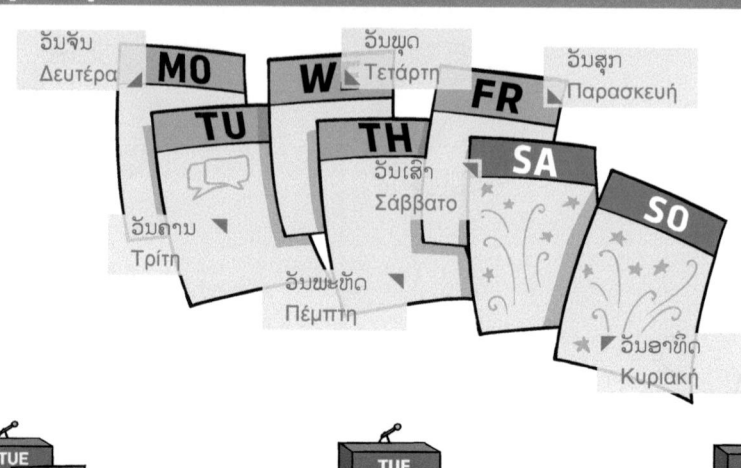

ວັນຈັນ
Δευτέρα

ວັນພຸດ
Τετάρτη

ວັນສຸກ
Παρασκευή

ວັນຄານ
Τρίτη

ວັນເສົາ
Σάββατο

ວັນພະຫັດ
Πέμπτη

ວັນອາທິດ
Κυριακή

ມື້ວານນີ້

χθες

ມື້ນີ້

σήμερα

ມື້ອື່ນ

αύριο

ຕອນເຊົ້າ

πρωί

ຕອນທ່ຽງ

μεσημέρι

ຕອນແລງ

βράδυ

MO	TU	WE	TH	FR	SA	SU
1	2	3	4	5	6	7
8	9	10	11	12	13	14
15	16	17	18	19	20	21
22	23	24	25	26	27	28
29	30	31	1	2	3	4

ວັນເຮັດວຽກ

εργάσιμες ημέρες

MO	TU	WE	TH	FR	SA	SU
1	2	3	4	5	6	7
8	9	10	11	12	13	14
15	16	17	18	19	20	21
22	23	24	25	26	27	28
29	30	31	1	2	3	4

ທ້າຍສັບປະດາ

Σαββατοκύριακο

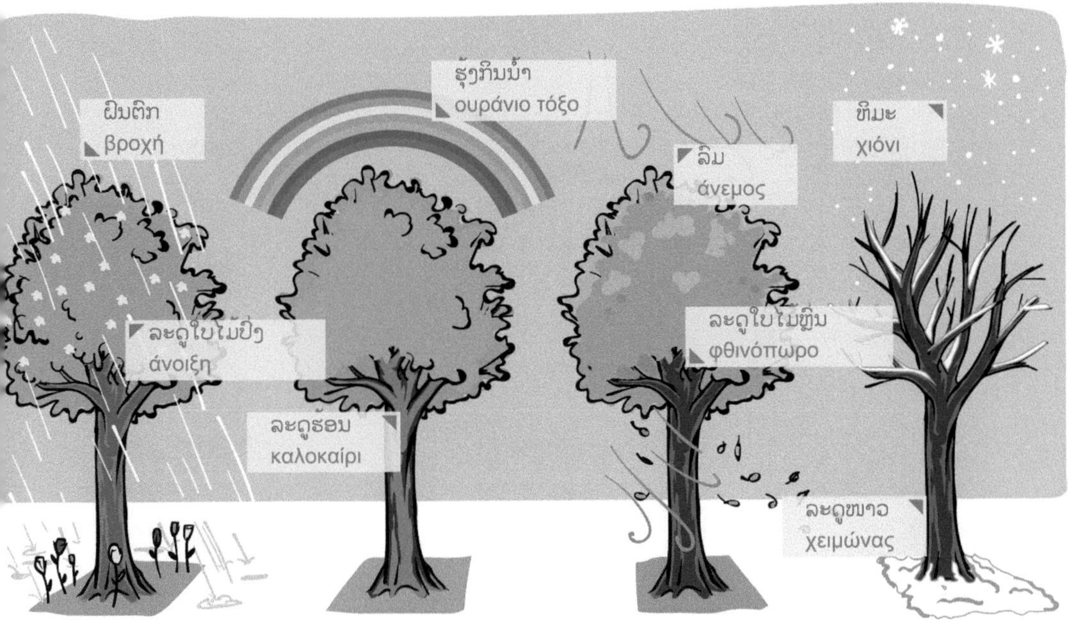

ຝົນຕົກ
βροχή
ຮຸ້ງກິນນໍ້າ
ουράνιο τόξο
ລົມ
άνεμος
ຫິມະ
χιόνι
ລະດູໃບໄມ້ປົ່ງ
άνοιξη
ລະດູຮ້ອນ
καλοκαίρι
ລະດູໃບໄມ້ຫຼົ່ນ
φθινόπωρο
ລະດູໜາວ
χειμώνας

4.APRIL 11°
5.APRIL 4°
6.APRIL 13°
7.APRIL 8°
8.APRIL 10°

ການພະຍາກອນອາກາດ

πρόγνωση καιρού

F C
120 90 60 30 0 -30
40 30 20 10 0 -10 -20

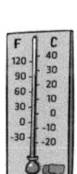

ເຄື່ອງວັດອຸນຫະພູມ

θερμόμετρο

ແສງແດດ

λιακάδα

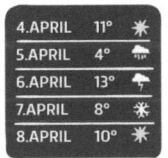

ຂີ້ເຝື້ອ

σύννεφο

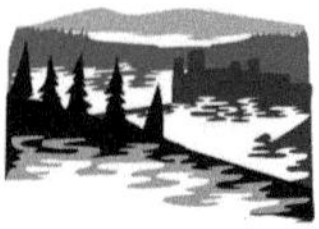

ໝອກ

ομίχλη

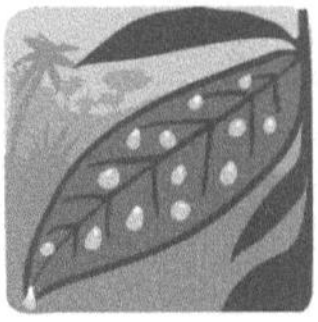

ຄວາມຊຸ່ມ

υγρασία

ສາຍຟ້າແມບ

αστραπή

ຟ້າຮ້ອງ

κεραυνός

ພະຍຸ

καταιγίδα

ໝາກເຫັບ

χαλάζι

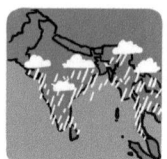

ລົມມໍລະສຸມ

μουσώνας

ນ້ຳຖ້ວມ

πλημμύρα

ນ້ຳກ້ອນ

πάγος

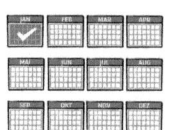

ມັງກອນ

Ιανουάριος

ກຸມພາ

Φεβρουάριος

ມີນາ

Μάρτιος

ເມສາ

Απρίλιος

ພຶດສະພາ

Μάιος

ມິຖຸນາ

Ιούνιος

ກໍລະກົດ

Ιούλιος

ສິງຫາ

Αύγουστος

ປີ - έτος

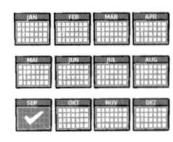

ກັນຍາ
....
Σεπτέμβριος

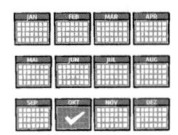

ຕຸລາ
....
Οκτώβριος

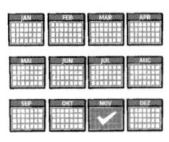

ພະຈິກ
....
Νοέμβριος

ທັນວາ
....
Δεκέμβριος

ຮູບຮ່າງ

σχήματα

ວົງມົນ
....
κύκλος

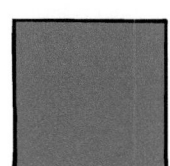

ສີ່ຫຼ່ຽມ
....
τετράγωνο

ຮູບສີ່ຫຼ່ຽມມຸມສາກ
....
ορθογώνιο
παραλληλόγραμμο

ສາມຫຼ່ຽມ
....
τρίγωνο

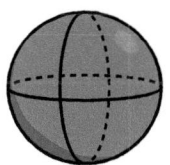

ໜ່ວຍກົມ
....
σφαίρα

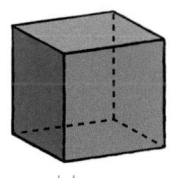

ຮູບສີ່ຫຼ່ຽມມິນທົນ
....
κύβος

χρώματα

ສີຂາວ
....
άσπρο

ສີເຫຼືອງ
....
κίτρινο

ສີສົ້ມ
....
πορτοκαλί

ສີບົວ
....
ροζ

ສີແດງ
....
κόκκινο

ສີມ່ວງ
....
μωβ

ສີຟ້າ
....
μπλε

ສີຂຽວ
....
πράσινο

ສີນ້ຳຕານ
....
καφέ

ສີເທົາ
....
γκρι

ສີດຳ
....
μαύρο

ຫຼາຍ / ນ້ອຍ

πολύ / λίγο

ໃຈຮ້າຍ / ໃຈເຢັນ

θυμωμένος / ήρεμος

ງາມ / ຂີ້ຮ້າຍ

όμορφος / άσχημος

ການເລີ່ມຕົ້ນ / ການສິ້ນສຸດ

αρχή / τέλος

ໃຫຍ່ / ນ້ອຍ

μεγάλος / μικρός

ແຈ້ງ / ມືດ

φωτεινός / σκοτεινός

ນ້ອງຊາຍຫຼືອ້າຍ /
ນ້ອງສາວຫຼືເອື້ອຍ

αδελφός / αδελφή

ສະອາດ / ເປື້ອນ

καθαρός / λερωμένος

ສໍາເລັດ / ບໍ່ສໍາເລັດ

πλήρης / ατελής

ກາງວັນ / ກາງຄືນ

ημέρα / νύχτα

ຕາຍ / ມີຊີວິດ

νεκρός / ζωντανός

ກວ້າງ / ແຄບ

φαρδύς / στενός

ກິນໄດ້ / ກິນບໍ່ໄດ້

βρώσιμος / μη βρώσιμος

ຊົ່ວຮ້າຍ / ໃຈດີ

κακός / ευγενικός

ຫ້າຕື່ນເຕັ້ນ / ຫ້າເບື່ອ

ενθουσιασμένος / βαριεστημένος

ອ້ວນ / ຈ່ອຍ

παχύς / λεπτός

ທໍາອິດ / ສຸດທ້າຍ

πρώτος / τελευταίος

ເພື່ອນ / ສັດຕູ

φίλος / εχθρός

ເຕັມ / ວ່າງເປົ່າ

γεμάτος / άδειος

ແຂງ / ນຸ້ມ

σκληρός / μαλακός

ໜັກ / ເບົາ

βαρύς / ελαφρύς

ຄວາມຫິວ / ຄວາມຫິວນໍ້າ

πείνα / δίψα

ໄຂ້ / ສຸຂະພາບດີ

άρρωστος / υγιής

ຜິດກົດໝາຍ / ຖືກກົດໝາຍ

παράνομος / νόμιμος

ສະຫຼາດ / ໂງ່

έξυπνος / χαζός

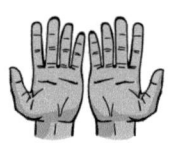

ຊ້າຍ / ຂວາ

αριστερός / δεξιός

ໃກ້ / ໄກ

κοντινός / μακρινός

ກົງກັນຂ້າມ - αντίθετα

ໃໝ່ / ໃຊ້ແລ້ວ

καινούριος /
μεταχειρισμένος

ບໍ່ມີຫຍັງ / ບາງສິ່ງບາງຢ່າງ

τίποτα / κάτι

ແກ່ / ໜຸ່ມ

γέρος | νέος

ເປີດ / ປິດ

αναμμένος / σβηστός

ເປີດ / ປິດ

ανοιχτός / κλειστός

ງຽບ / ດັງ

χαμηλόφωνος /
μεγαλόφωνος

ຮັ່ງມີ / ຍາກຈິນ

πλούσιος / φτωχός

ຖືກ / ຜິດ

σωστός / λανθασμένος

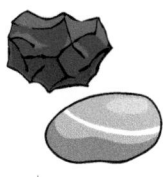

ບໍ່ລຽບ / ລຽບ

τραχύς / λείος

ໂສກເສົ້າ / ດີໃຈ

λυπημένος / χαρούμενος

ສັ້ນ / ຍາວ

κοντός / μακρύς

ຊ້າ / ໄວ

αργός / γρήγορος

ປຽກ / ແຫ້ງ

υγρός / στεγνός

ອຸ່ນ / ໜາວເຢັນ

ζεστός / δροσερός

ສົງຄາມ / ສັນຕິພາບ

πόλεμος / ειρήνη

0

ສູນ

μηδέν

1

ໜຶ່ງ

ένα

2

ສອງ

δύο

3

ສາມ

τρία

4

ສີ່

τέσσερα

5

ຫ້າ

πέντε

6

ຫົກ

έξι

7

ເຈັດ

εφτά

8

ແປດ

οκτώ

9

ເກົ້າ

εννιά

10

ສິບ

δέκα

11

ສິບເອັດ

έντεκα

12
ສິບສອງ
δώδεκα

13
ສິບສາມ
δεκατρία

14
ສິບສີ່
δεκατέσσερα

15
ສິບຫ້າ
δεκαπέντε

16
ສິບຫົກ
δεκαέξι

17
ສິບເຈັດ
δεκαεφτά

18
ສິບແປດ
δεκαοκτώ

19
ສິບເກົ້າ
δεκαεννέα

20
ຊາວ
είκοσι

100
ໜຶ່ງຮ້ອຍ
εκατό

1.000
ໜຶ່ງພັນ
χίλια

1.000.000
ໜຶ່ງລ້ານ
εκατομμύριο

ພາສາອັງກິດ

Αγγλικά

ພາສາອັງກິດແບບອາເມລິກັນ

Αμερικάνικα Αγγλικά

ພາສາຈິນແມນດາຣິນ

Μανδαρίνικα Κινέζικα

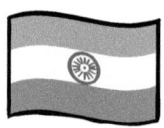

ພາສາຮິນດີ

Χίντι

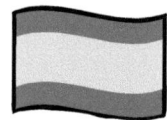

ພາສາສະເປນ

Ισπανικά

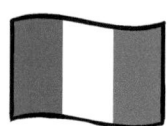

ພາສາຝຣັ່ງເສດ

Γαλλικά

ພາສາອາຣັບ

Αραβικά

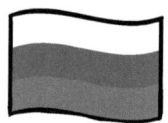

ພາສາຣັດເຊຍ

Ρώσικα

ພາສາປ໌ອກຕຸຍການ

Πορτογαλικά

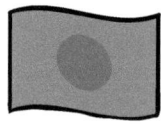

ພາສາແບງກາຣອຣ

Μπενγκάλι

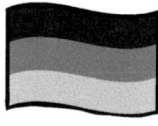

ພາສາເຍຍລະມັນ

Γερμανικά

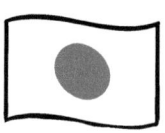

ພາສາຍີ່ປຸ່ນ

Ιαπωνικά

ຂ້ອຍ

εγώ

ເຈົ້າ

εσύ

♂ ♀ ○

ລາວ (ຜູ້ຊາຍ) / ລາວ (ຜູ້ຍິງ) /
ມັນ

αυτός / αυτή / αυτό

ພວກເຮົາ

εμείς

ພວກເຈົ້າ

εσείς

ພວກເຮົາ

αυτοί / αυτές / αυτά

ໃຜ?

ποιος / ποια / ποιο;

ແມ່ນຫຍັງ?

τι;

ແນວໃດ?

πώς;

ຢູ່ໃສ?

πού;

ເມື່ອໃດ?

πότε;

HELLO, I AM

ຊື່

όνομα

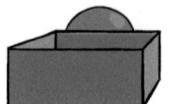

ຍູ່ທາງຫົວ

πίσω

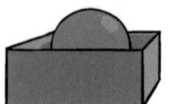

ໃນ

μέσα

ຍູ່ທາງໜ້າ

μπροστά

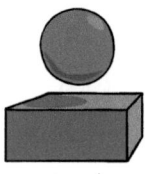

ເໜືອກວ່າ

πάνω από

ຍູ່ເທິງ

πάνω

ຍູ່ກ້ອງ

κάτω

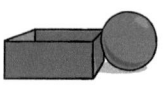

ທາງຂ້າງ

δίπλα

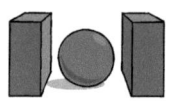

ຍູ່ລະຫວ່າງ

ανάμεσα

ສະຖານທີ່

μέρος